这就是奇观

专注力训练科普游戏书

自然奇观

［英］埃米莉·斯特德 / 著
［英］埃利德·马尔登 / 绘
余盈颖　蓝翊心 / 译

深圳出版社

版权登记号 图字：19-2022-198 号

图书在版编目（CIP）数据

这就是奇观 ： 专注力训练科普游戏书． 自然奇观 / （英）埃米莉·斯特德著 ；（英）埃利德·马尔登绘 ；余盈颖， 蓝翊心译． -- 深圳 ： 深圳出版社， 2025． 5．
ISBN 978-7-5507-3091-5

Ⅰ． G898.2

中国国家版本馆 CIP 数据核字第 20243RM903 号

自然奇观

ZIRAN QIGUAN

责任编辑　吴一帆　　　责任技编　陈洁霞
责任校对　李　想　　　装帧设计　王　佳

出版发行	深圳出版社	开　　本	787mm×1092mm　1/16
地　　址	深圳市彩田南路海天大厦（518033）	印　　张	6
网　　址	www.htph.com.cn	字　　数	76 千
订购电话	0755-83460239（邮购、团购）	版　　次	2025 年 5 月第 1 版
排版制作	米克凯伦（深圳）文化传媒有限公司	印　　次	2025 年 5 月第 1 次
印　　刷	深圳市星嘉艺纸艺有限公司	定　　价	39.80 元

自然奇观

准备好了吗？一起来探索地球上令人惊叹的自然奇观！

在这本书中，你将探访炎热的沙漠和极寒的荒原，攀登高山，深入地下探险，还能在不同类型的栖息地中寻找奇特的野生动植物。

完成书中每个页面上的谜题，了解关于自然的奇妙真相。

目录

奔跑吧

来见识一下动物王国中的速度王者，这些捕食者凭借惊人的奔跑速度在陆地、水中乃至空中轻松猎取食物。

猎豹奔跑时的最快速度可达113千米/时。

猎豹是陆地上短跑速度最快的动物，大约3秒钟，它就能完成从0到100千米/时的加速。将图中外形相同的猎豹两两相连，再圈出与众不同的那一只。

游泳健将

生活在印度洋和太平洋海域中的印度枪鱼是世界上游速最快的鱼类之一。下面的描述中，有两个是正确的，有两个是错误的，请你找出正确的描述并在其后的方框内画钩。

印度枪鱼用它长长的吻部击打小鱼。☐

印度枪鱼喜欢生活在温带水域。☐

所有的印度枪鱼出生时都是雌性。☐

剑鱼的寿命比印度枪鱼长。☐

飞驰的马蝇

145千米/时，这是科学家记录的普通马蝇的飞行速度。

找一找，哪个阴影能与右下角的马蝇完全重合？

世界上有1300多种马蝇。

参天大树

世界上最高的树矗立在美国加利福尼亚州的一座国家公园里。

红杉树很容易就能生长到90米以上的高度。它们不仅能为人类提供氧气，储存碳资源，还能为昆虫、鸟类和一些哺乳动物提供栖息的家园。

每棵树上的数字之和就是这棵树的年龄。算一算，哪棵树最老？

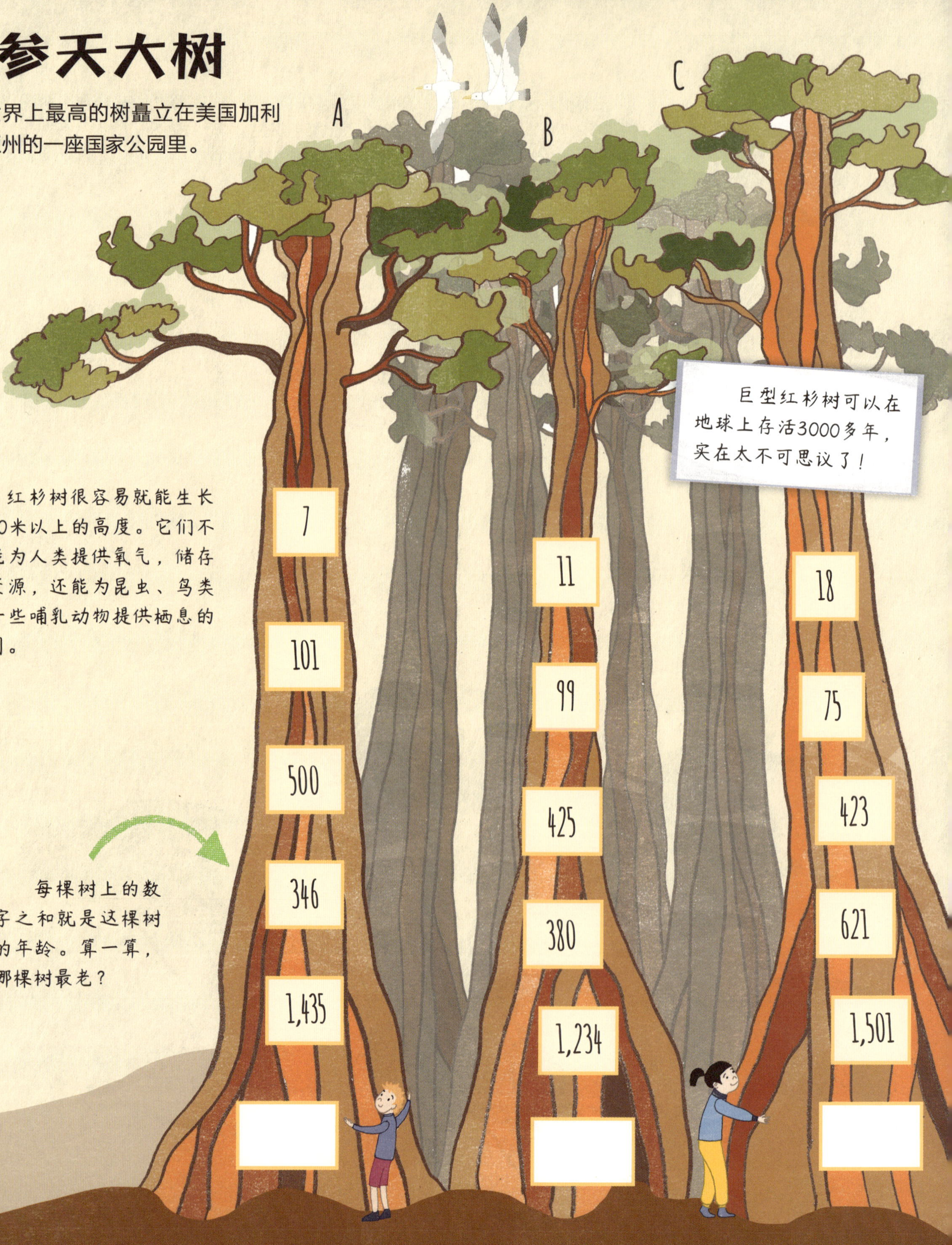

巨树

再来看看这5棵巨树，它们的高度都超过了95米。

在右边的表格里找到这5棵巨树的英文名称。注意，组成每个单词的字母都在一条直线上，可以是横线、竖线或斜线。

HYPERION

亥伯龙（海岸红杉）

CENTURION

百夫长（桉树）

DOERNER FIR

杜尔纳冷杉（海岸花旗松）

MENARA

梅纳拉（黄娑罗双）

RAVEN'S TOWER

乌鸦塔（巨云杉）

D	V	G	Y	M	J	V	N	I	Z	R	O
F	Q	T	R	U	C	O	O	S	D	U	L
M	J	B	A	L	I	P	I	K	B	S	I
I	C	D	V	R	T	Y	R	G	F	P	R
B	K	V	E	F	B	Q	U	D	C	R	C
Z	L	P	N	G	R	H	T	X	M	U	H
S	Y	C	S	Z	M	I	N	U	E	C	D
H	I	Q	T	R	F	K	E	J	N	E	P
G	F	Y	O	D	X	T	C	S	A	E	I
V	Z	B	W	C	M	Y	Q	B	R	S	N
K	Y	D	E	J	V	K	G	F	A	I	P
D	O	E	R	N	E	R	F	I	R	H	I

热带巨树

世界上最高的热带树木是一棵被命名为“梅纳拉”的黄娑罗双，它于2016年在东南亚的加里曼丹岛被发现。

在右图中找到下面这三处细节的位置并圈出来。

梅纳拉高达100.8米。

化石的秘密

化石是保存了很长时间的动物或植物的遗体、遗物或遗迹。许多化石是在岩石中发现的，而在冰川、泥土和琥珀中也能找到化石。化石为我们提供了数千万年前地球上生物活动的特写图像。

从最中间的“鹦”字开始，沿着螺纹的顺序每隔4个字圈出下1个字，最终圈出的5个字会组成一种化石的名称。

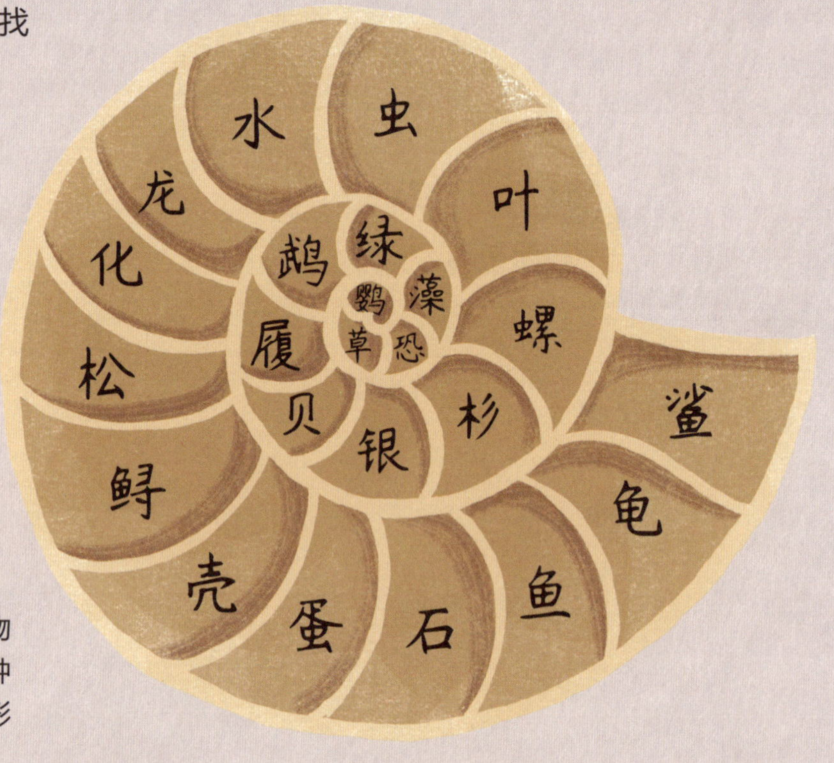

神奇的琥珀

松树和冷杉的树皮会分泌一种黏稠物质，如果有小动物或植物刚好被包裹进这种黏稠物质里，就有可能会一起硬化并逐渐形成琥珀。琥珀中的生物可以保存数百万年。

仔细观察这些琥珀，找出与众不同的那一个。

恐龙化石

世界上最令人着迷的化石是恐龙的骨骼。人们在世界各大洲都发现了恐龙化石，这些化石让我们得以一窥几千万年前那些不可思议的物种的生活。

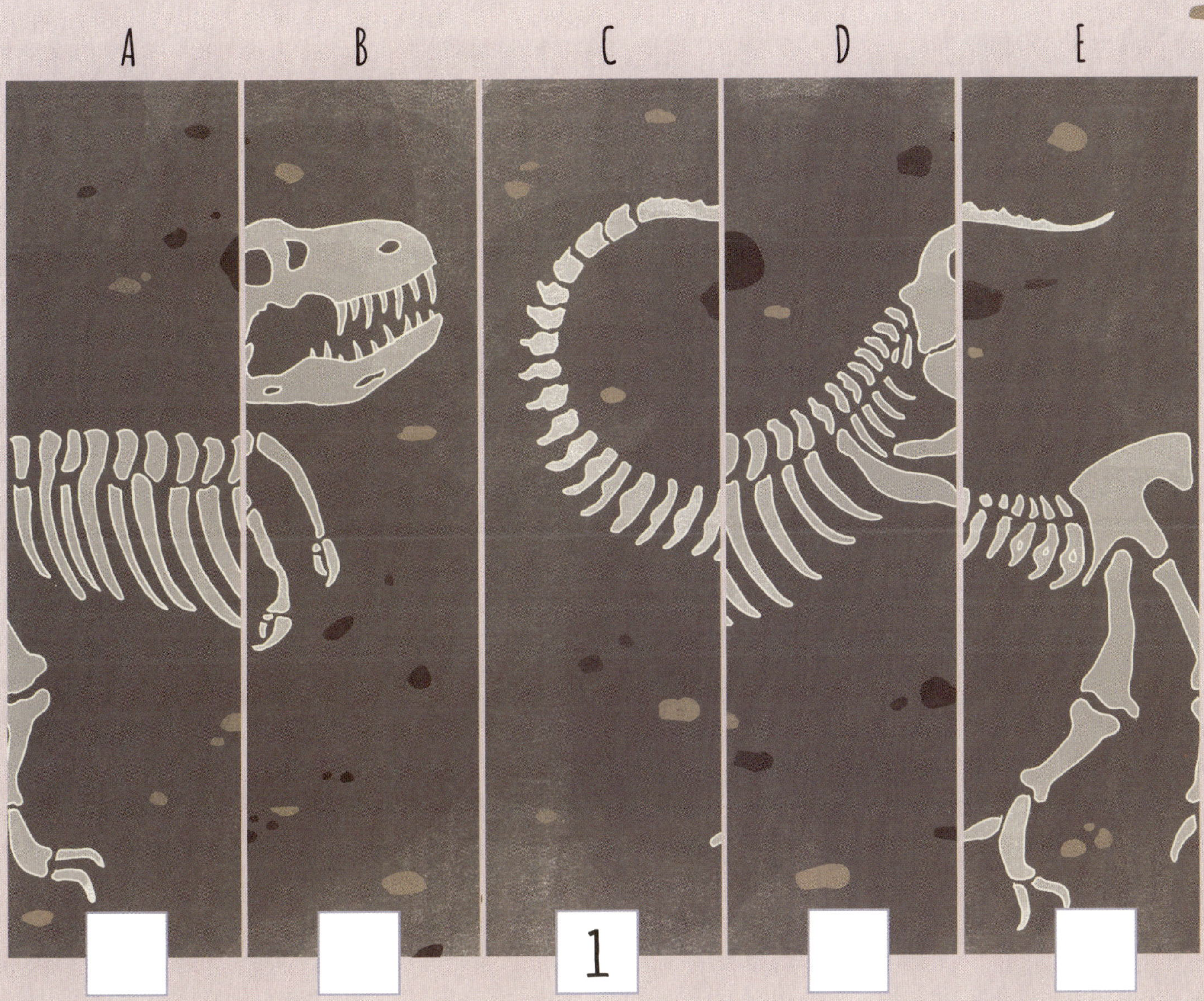

从尾巴开始，按正确的顺序拼出这幅恐龙化石图。

盛开的花

花朵通常是植物最美丽的部分。你可能在生活中经常见到芬芳的郁金香和玫瑰，但你知道有一种花被称为“尸花”吗？还有些花看起来像动物而不像植物。接下来会介绍三种奇异的花，一起来认识它们吧。

找出规律，补全表格里的数字，再写出和表格下方三组数字相对应的汉字，想想每一组汉字能组成哪个新的汉字，最终你会得到一种花的名称。

雀	口	鸟	又	文	亡	禾	月	十	王	丽	木	兰
		11		9				5			2	

13-11　　8-6-4　　1

....　　........ ....　　........

....　　........　　........

恶臭的“尸花”

巨魔芋俗称“尸花”，它的花朵散发着恶心的腐臭气味，是地球上最臭的植物之一。但幸运的是，这种植物7～9年才开花一次，花期只有一天左右。

最高的巨魔芋高约3.1米。

仔细观察花朵上的数字，想一想，它们都是哪个数字的倍数？

长得像猴子的花

猴面小龙兰是一种非常稀有的品种，只生长在高海拔地区。不难猜出这种花的名字是怎么来的，因为它有两只“眼睛”，还有像猴子一样的“鼻子”和“嘴巴”，整体看起来就像是猴子的脸。

找到两块正确的拼图碎片，并将序号写在左图中对应的空白处，完成这幅画。

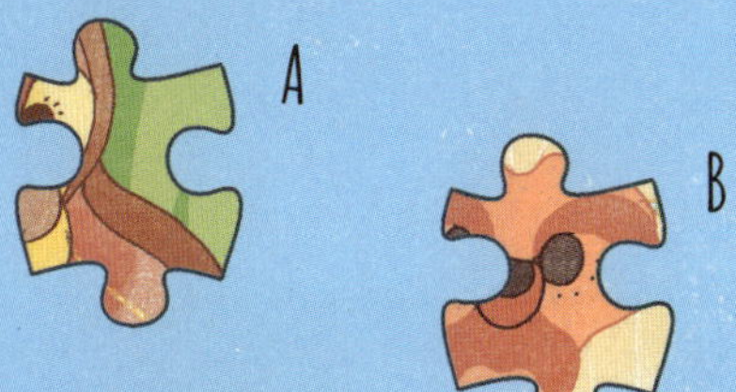

濒危动物

目前世界上仍有数以百计的动物濒临灭绝。人类破坏动物栖息地、捕猎、污染环境等行为和气候变化都会对动物的生存造成威胁。

数一数，哪头犀牛的脚印比较多？是大犀牛，还是小犀牛？

答案：

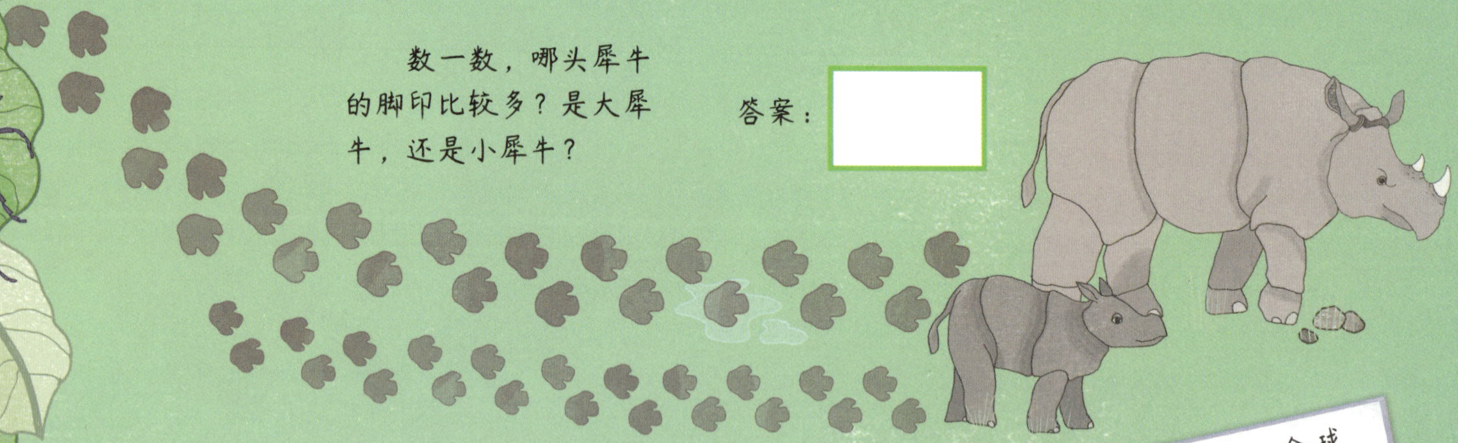

据统计，全球仅存不到80头苏门答腊犀。

森林的秘密

有一种濒危的红毛灵长类动物，生活在东南亚的热带雨林里，它们被称为“住在森林里的人”。画掉下图中所有木字旁的字，剩下的字能组成这种动物的名字，你知道它叫什么吗？

感受蓝色大海

蓝鲸生活在除北冰洋以外的其他大洋中。但几个世纪以来，人类的捕杀导致蓝鲸濒临灭绝。

数一数，上图中一共有多少头蓝鲸？

大堡礁

壮丽的大堡礁是世界上最大的珊瑚礁群，早在2500万年前就有珊瑚生活在那里。科学家一直致力于保护大堡礁附近的生态环境，以降低气候变化和环境污染对珊瑚的影响。

仔细观察下面的图片，把它们按正确的顺序重新排列，重现大堡礁的海底美景。小提示：图片E应该放在1号位。

1号位 ☐　　2号位 ☐　　3号位 ☐

A　B　C

D　E　F

4号位 ☐　　5号位 ☐　　6号位 ☐

漂亮的鹦嘴鱼

主要生活在热带海域的鹦嘴鱼闪耀着彩虹般的色彩，它们常常是几百条鱼成群结队地在水中游动。

圈出图中身上数字是5的倍数的鱼。

水下宝藏

数百种鱼类、藻类、珊瑚生活在这片美丽的大堡礁。

请完成右边的海洋宝藏分布图，保证每行、每列和每个六宫格中都包含六种不同的物种。

惊奇甲虫

从干旱的沙漠到极寒的冰盖，科学家在全球范围内发现了约40万种甲虫。这些长着翅膀的虫子都有六条腿和一个坚硬的外壳，外壳上有丰富多彩的图案。它们当中有些是捕食者，有些是勤劳的花粉使者。

蜣螂（俗称“屎壳郎”）以大型动物粪便中的营养物质为食。

算一算，找出图中算式结果为“101”的粪球。

可别小瞧蜣螂，它可以滚动超过自身重量1100倍的物体——相当于1个人能拉动6辆大型公共汽车！

独角仙

雄性双叉犀金龟（俗称“独角仙”）头部长着鹿角状的角，在寻找美味树汁时会用角与其他甲虫争斗。

圈出上图中的雌性独角仙。

音乐昆虫

昆虫的形态千奇百怪，有些甚至不像真实存在的，比如旁边这只昆虫，看上去就像是某种乐器。根据下面的表格找到右下角每个代码对应的汉字，看看这种奇妙的昆虫叫什么。

	a	b	c	d
1	吉	号	提	笛
2	钢	小	鼓	他
3	甲	乐	竖	琴
4	器	大	步	管

b2 c1 d3 c4 a3

....

四季更替

樱桃树的外观会随着季节的变化而变化，一起来看看这棵樱桃树在一年四季中的样子吧。

美丽的樱桃花

春天，樱桃树会开出绚烂的粉色花朵，花期大约是二至三周。

在大图中找到这处花朵特写并圈出来。

樱桃树和樱花树是“亲戚”。在樱花树下野餐是日本人的习俗，樱花是日本文化的一种象征。

数一数，这棵树上结了多少颗樱桃，超过40颗了吗？

虽然每棵樱桃树都能结出果实，但不是所有的樱桃都可以供人类食用。有些小樱桃对于鸟类来说是美味的夏季零食。

落叶

秋天到了，天气渐渐转凉，樱桃树的叶子慢慢落下。跟随右图中树顶的叶子，穿过树枝迷宫到达地面。

每年落叶的树木属于落叶树，而常青树的叶子在每个季节都是绿色的。

等待重生

冬天，树叶都落下来，只剩下光秃秃的树干。这时的樱桃树正在储存能量，等到春天来临，它会再一次长出枝叶，焕发光彩。

选择一根树枝，为这只可爱的知更鸟画一个同伴。

沙漠环境

地球上大约有四分之一的陆地是沙漠。沙漠地带降水稀少，温度变化极端且地表十分干燥，不过生活在沙漠里的动物和植物早已适应了这种恶劣环境。

圈出下图中是4的倍数的数字。

沙尘暴

在沙漠中，危险的沙尘暴会以每小时100千米的速度扬起漫天尘土。

左图中藏着5只躲避沙尘暴的狐獴，你能找到它们吗？

冷到不下雪

极寒的南极洲很少下雨或下雪。那里十分干燥，科学家认为那是一片白色沙漠。南极大陆冬季的气温可低至-89.2℃。

把右边的雪景图按正确的顺序重新排列。

沙漠里的居民

骆驼天生适合在炎热干燥的沙漠里生活，它们体内的水分可以储存数月之久。

跟着下图中的哪一只骆驼能找到水源？

超级幸存者

蝎子是一种古老的生物，早在恐龙出现之前，地球上就有了蝎子的身影。蝎子尾巴上的毒液，不仅可以用来捕捉猎物，还能进行自我保护。在右图中找到这只毒蝎的正确阴影。

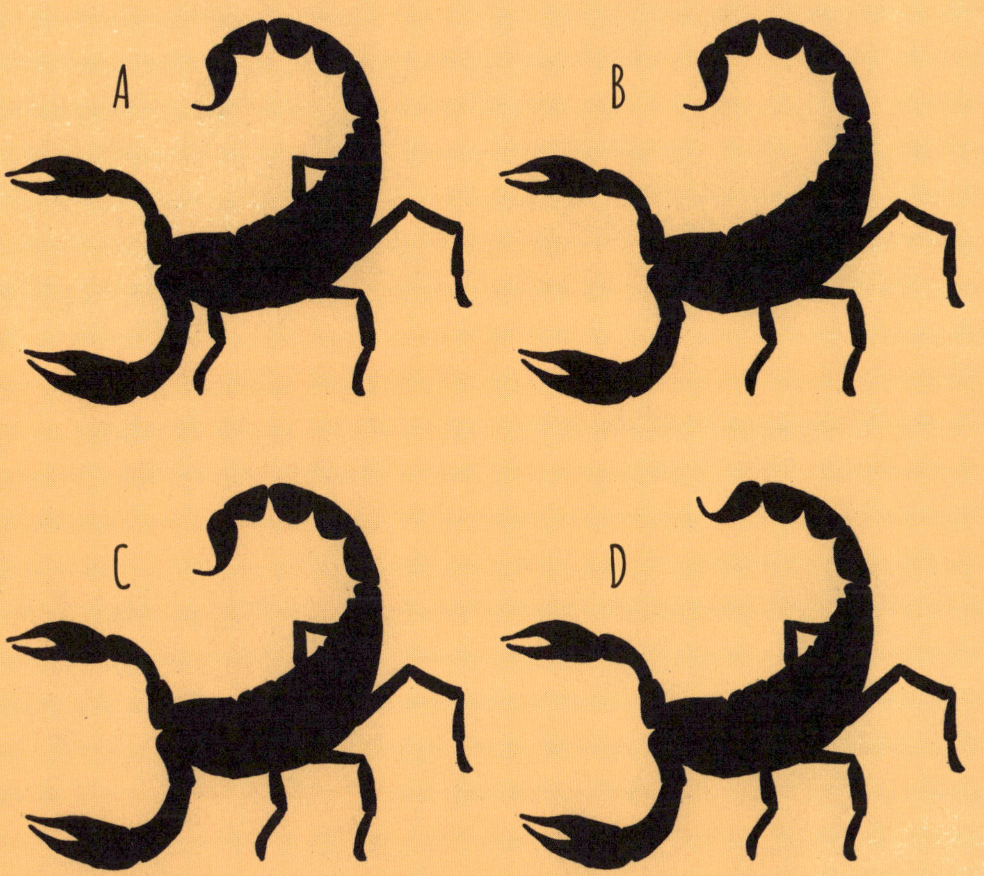

撒哈拉沙漠的毒蛇

这里有三条生活在撒哈拉沙漠里的毒蛇，它们身上的数字总和越大，毒性就越强。算一算，哪条蛇的毒性最强？

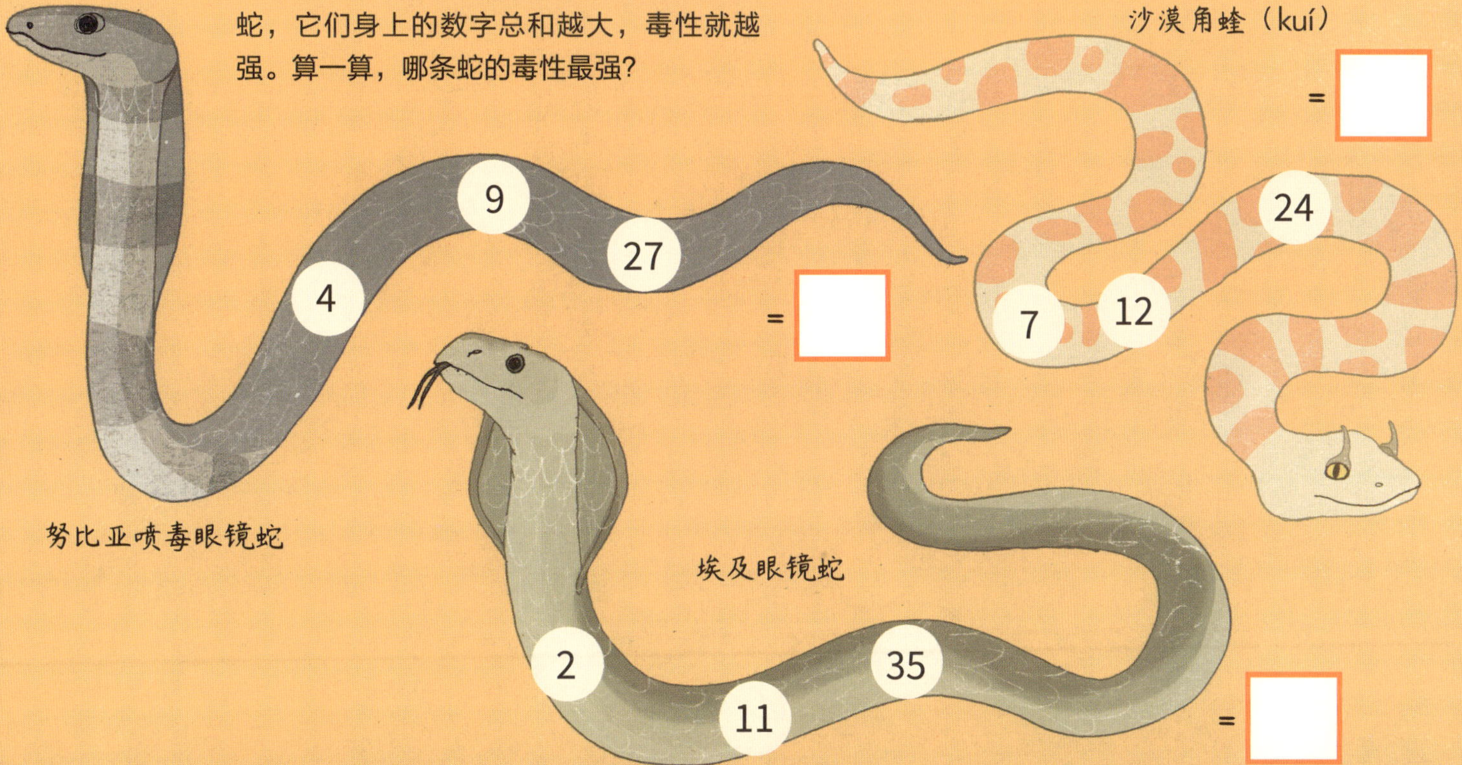

绚烂的晶体

无论是珍贵的钻石，还是能形成不同形状的盐、冰，都是绚烂的晶体。某些液体物质不断冷却就会形成晶体，这个过程被称为“结晶”。2000年，人们在墨西哥奇瓦瓦沙漠附近的奈卡山脉发现了一座巨大的水晶洞穴，洞穴中有些巨型水晶长达11米。

找到三块正确的拼图碎片，并将序号写在上图中对应的空白处，完成这幅画。

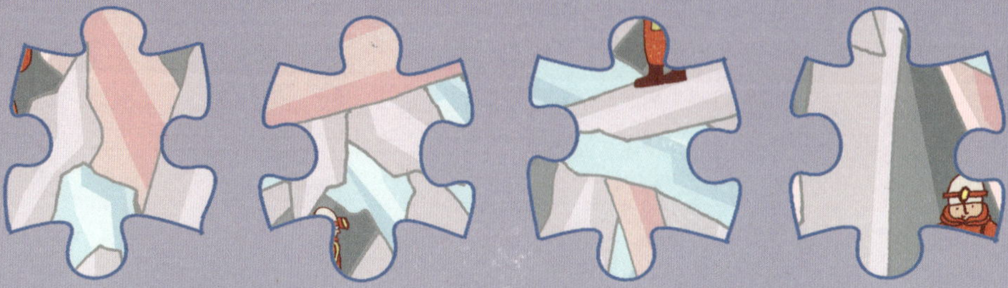

1　2　3　4

奇妙的雪花

雪花是由水在空气中冷却凝结成的微小冰晶组成的。200多个小冰晶融合在一起才能形成一片美丽的雪花。

请分别参照已画出的半边雪花，将下面的雪花画完整。

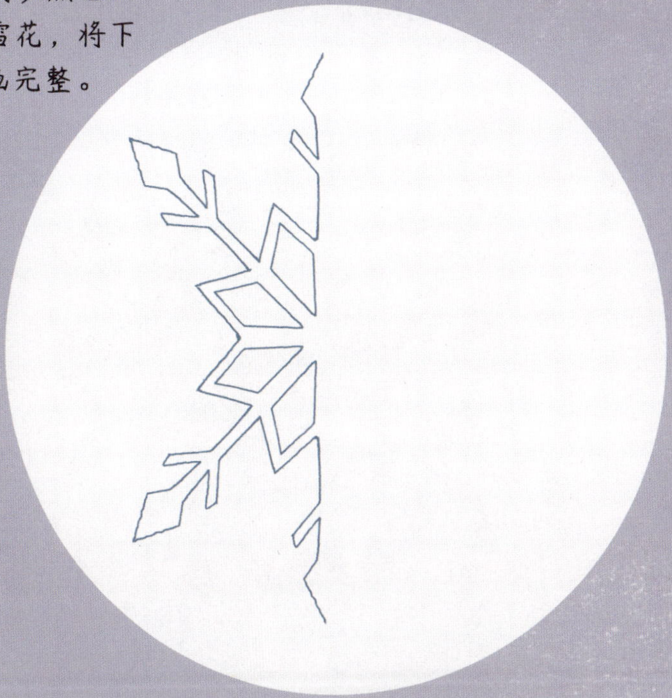

挖掘晶洞

晶洞是中空的岩石，内含晶体。晶洞通常出现在沙漠或火山环境中，晶洞大小各异，小的只有1厘米长，大的长达11米。

右边有一个晶洞的形状与其他晶洞不一样，你能找到吗？

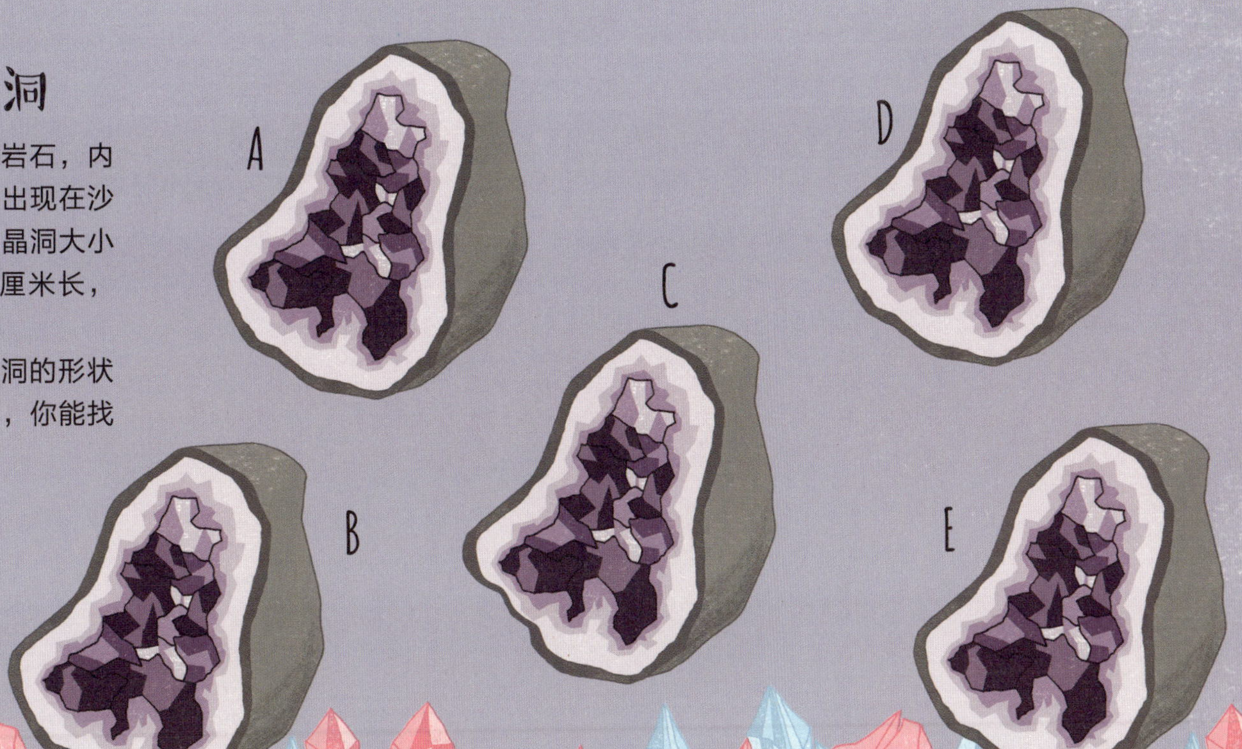

跳跃健将

说到跳跃冠军，动物王国里的选手们会让人类运动员自惭形秽。因为它们比人类跳得更远、更高、更快！

有些动物把跳跃作为一种移动的方式，而另一些动物跳跃则是为了躲避捕食者。

将下图中完全相同的蜘蛛两两连线，再圈出剩下的那一只。

跳蛛的跳跃距离能够达到自身长度的100倍。这相当于一个成年人跳过了两架大型喷气式飞机机身长度的距离！

大名鼎鼎的跳跃健将

树蛙大多生活在热带雨林中，跳跃高度可达2.1米，这是它们身体长度的50倍！

找一找，哪条线路能让这只树蛙跳到枯木上？

跳上来

跳蚤是一种居住在其他动物身上并以宿主血液为食的寄生虫。虽然这种不起眼的小虫不会爬也不会飞，但它们是超强的跳跃者。

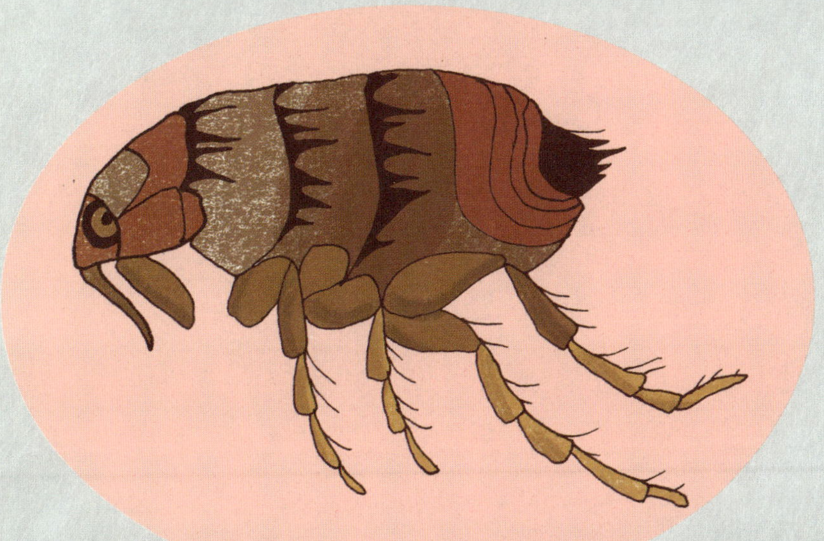

仔细观察上面三幅特写图，哪一幅不属于左图中的跳蚤？

藻类

藻类是一种重要的生物，它承担着地球上80%的氧气生产工作。科学家预估地球上约有27000种藻类，从迷你的微藻到巨大的海带。虽然有些藻类看起来很像植物，但它们并没有真正的根、茎、叶。

藻类是海洋食物链的基础，没有藻类就不会有鱼类和其他海洋生物。

从起点出发，穿越水藻迷宫抵达终点。

不可思议的藻类

藻类可以用来制造多种有用的环保产品。

R	T	G	H	L	B	Y	D	W	J	I	F	Q	C
X	S	U	A	N	I	M	A	L	F	E	E	D	I
S	U	R	F	B	O	A	R	D	S	B	R	H	T
H	D	C	V	S	F	W	Y	K	U	X	T	L	S
B	O	B	X	Q	U	J	O	S	L	H	I	J	A
L	J	I	F	M	E	V	C	F	K	W	L	V	L
G	K	H	L	O	L	E	Y	B	S	M	I	G	P
V	F	M	W	K	O	H	J	E	C	O	Z	K	O
Y	Q	P	S	M	E	D	I	C	I	N	E	S	I
S	E	O	H	S	G	N	I	N	N	U	R	L	B

在左边的表格里找到以下8种由藻类制成的产品的英文名称。注意，组成每个单词的字母都在一条直线上，可以是横线、竖线或斜线。

BIOFUEL（生物燃料）	SURFBOARDS（冲浪板）
FOOD（食物）	FERTILIZER（肥料）
RUNNING SHOES（跑步鞋）	MEDICINES（药品）
ANIMAL FEED（动物饲料）	BIOPLASTIC（生物塑料）

巨型藻类

海带是海洋中最大的藻类，可以长到约53米。海带为许多海洋生物提供了栖息地。

找出藏在海带里的5条小鱼。

奇迹之翼

鸟类的翅膀有大有小，许多鸟类通过拍打长满羽毛的翅膀飞行。蜂鸟改变翅膀扇动频率的速度非常快，快到人类难以用肉眼分辨。更神奇的是，有些动物每秒钟可以扇动翅膀80次。

这只蜂鸟走哪条路可以找到美味的花蜜？

蜂鸟是动物界的杂技演员，它能向后飞，甚至可以倒立！

奇迹漫游

有一种鸟拥有世界上最长的翅膀，其翼展长约3.65米。你知道这种鸟的名字吗?

请逆序补全下面字母表第二行的字母。先在第一行找到鸟翅膀上的字母，再在第二行分别找到与之位置对应的字母，写在横线上，就能得到这种鸟的英文名字。

A	B	C	D	E	F	G	H	I	J	K	L	M
	Y	X	W			T	S					

N	O	P	Q	R	S	T	U	V	W	X	Y	Z
		K	J				F			C	B	A

A____ ____ ____ ____ ____ ____ ____ ____ ____

可惜不会飞

鸵鸟又大又重，是为数不多的不会飞的鸟类之一。但它们短短的翅膀在其他方面是很有用的。

想一想，以下哪些项是鸵鸟翅膀的功能，在正确的选项前打钩。

- ☐ 交配时展示体态
- ☐ 用于扇风保持凉爽
- ☐ 跑步时保持平衡
- ☐ 保护自己不受伤害
- ☐ 用于伪装

水循环

水循环是指水在空气和地表之间流动转化的过程。水循环主要包括蒸发、凝结、降水、下渗和汇集五个环节。

根据图中的文字描述，写出对应的水循环环节名称。

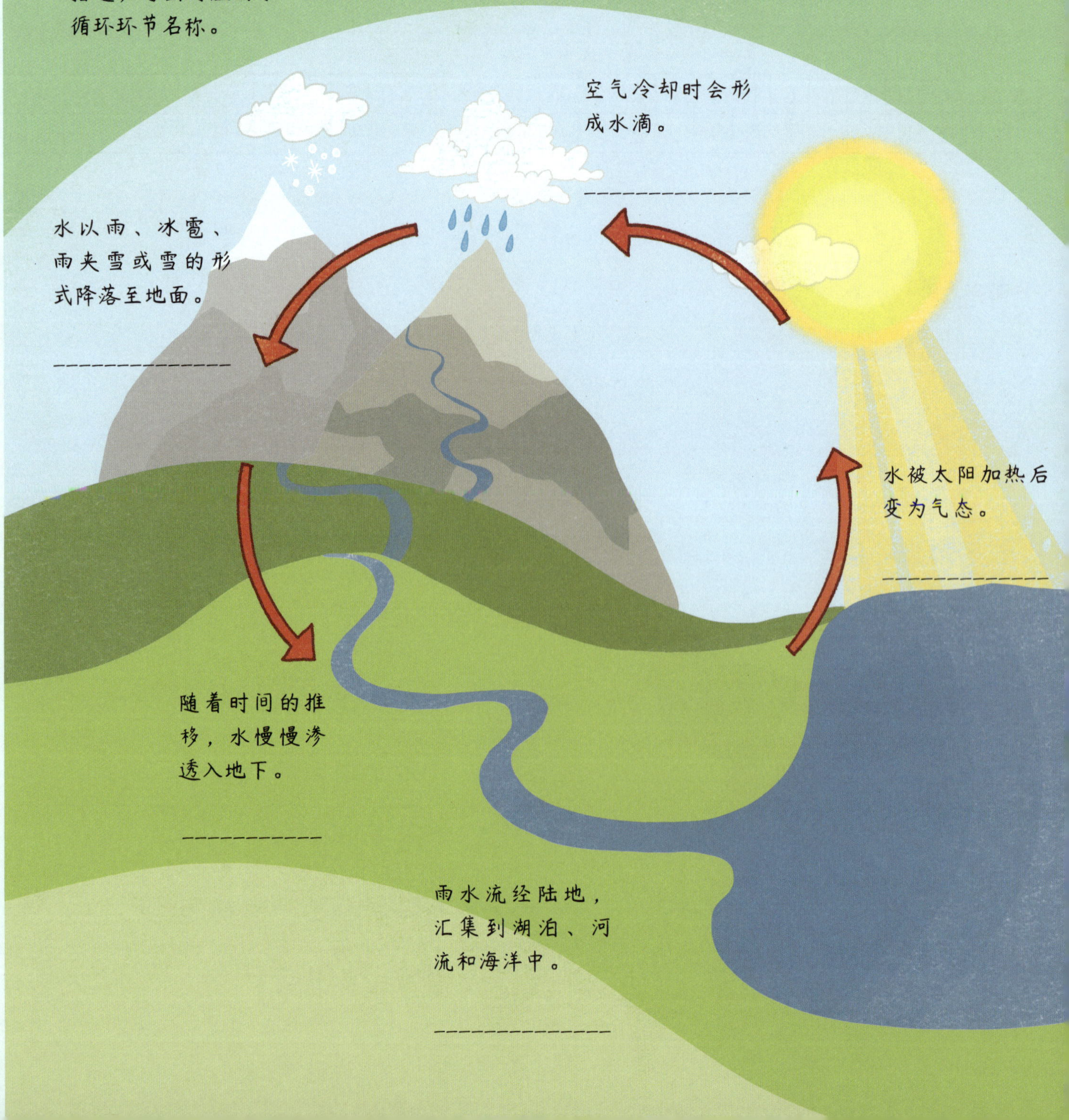

转换形态

地球上的水有三种形态——固态、液态和气态。

观察这三幅图，想一想每幅图中的水处于什么形态，并将它们和对应的状态连起来。

气态

液态

固态

在地球大气层中

在海洋、河流、湖泊和溪流中，甚至在地下

在冰川、冰山和雪中

湍急的洪水

过多的雨水会使河流水位和海平面迅速上升，洪水会淹没沿岸地区，造成破坏。

观察这两幅洪水图片，找出其中的6处不同。

现实还是童话？

在北极冰冷的海水里，真的有一角鲸存在！这些长着长牙的生物被称为“海中独角兽”，但实际上它们是鲸。

仔细观察这些一角鲸身上的数字，画去是4或5的倍数的数字，圈出最后剩下的一个奇数。

通常只有雄性一角鲸才有的长角，其实是一颗超长的牙。有些一角鲸可能长有两颗长牙，而另一些一角鲸则根本没有长牙。

巨妖传说

“北海巨妖”是传说中体形巨大的海怪，相传它曾出现在挪威的海岸。它是真实存在，还是迷信的水手编造出来的呢？用彩笔给右边这只“北海巨妖”涂上颜色吧。

神奇的两栖动物

长着娃娃脸的墨西哥钝口螈主要生活在墨西哥中部的淡水河流和湖泊中。这种濒危物种具有惊人的肢体再生能力。

找一找，哪条线路可以帮这只饥饿的墨西哥钝口螈找到食物？

热带风暴

热带风暴生成于地球赤道附近的海洋上。温暖潮湿的空气在上升过程中卷入更多水汽，进而形成旋涡云产生强降雨和强风。在北美洲，那些风速超过119千米/时的热带风暴被称为“飓风”。

在大图中圈出最下方三处细节的位置。

每个飓风都由世界气象组织按英文字母表的顺序命名，如飓风安德鲁（Andrew，首字母为A），然后是飓风本杰明（Benjamin，首字母为B）。

台风

在南太平洋和印度洋上生成的强热带气旋被称为“台风”。台风登陆时会带来暴雨和强风。

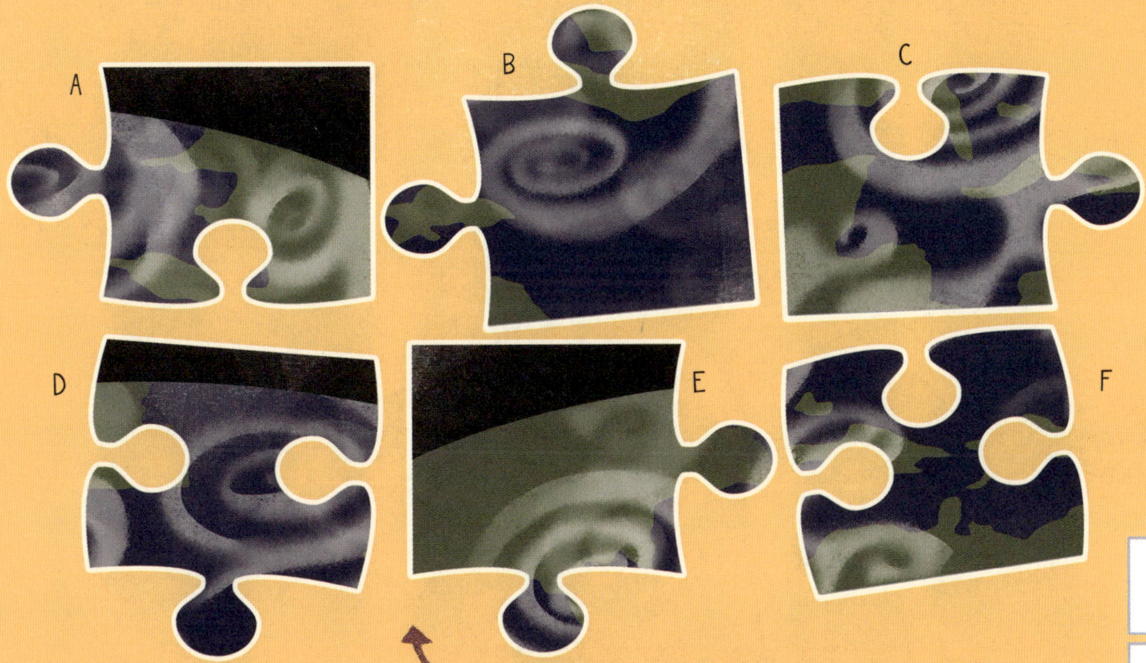

将这张台风鸟瞰图按正确的顺序排列，并将对应的序号填写到右侧的空格中。

海啸

海啸是一种巨大的海浪，它的高度和强度会在靠近海岸时不断增加。海啸一般是由水下地震或火山喷发引起的。用彩笔为右图的巨浪涂上颜色。

英文中Hurricane（飓风）一词来源于玛雅神明Huracan（胡拉坎）的名字。

天然宝藏

在地球的各个角落都可以发现由动物、植物或者地球本身产出的天然宝藏。大多数天然珠宝都是从地壳中开采出来的，而珍珠则产自一种叫作牡蛎的动物。

找一找，哪条路可以引导潜水员找到珍珠？

番红花谜题

番红花是世界上最贵的香料，它的价格曾经可与黄金比肩。番红花需要人工采摘，每朵花只保留可食用的三根花蕊。

请完成右边的番红花谜题，保证每行、每列和每个四宫格中都包含四种不同颜色的番红花。

奢侈的面料

开司米是一种十分柔软的羊绒，产自克什米尔地区的山羊。生产一件开司米羊绒衫需要用四只山羊的绒毛，因此这种羊绒衫价格昂贵。

找出右图中与众不同的一只山羊。

贵金属

金属是存在于地壳中的矿物，可以通过高温冶炼等方式提炼出来。有一类金属被认为比其他大多数金属都贵重，因此被称为“贵金属”。贵金属除了拥有美丽的外观，还有很多其他用途。

在下面的字母表中找出10种珍贵金属的英文名称。注意，组成每个单词的字母都在一条直线上，可以是横线、竖线或斜线。

S I
C W F H
L G M P M M
U M U T U X O K
H U I A I A D A I C
I I D C M G G E M M R V
G D A D S R M T Z S U F I F
B N L D O E I S M F G I C P D V
Z I L F E V X F U J B Q D J K Z I H
Y O A Y X L A E A S D R M O O D P M U V
P P Q N I T E M I Z Y C R H A L H R G M
Z A S N B V U T B T H Q R A R G R D
D R F N J I H Q J Z L T D K H R
L I J Z D N Z D U I O H E U
O G N N O O C N I X N A
G P A T W U P X I J
C C T M O Q U V
S U S E M O
B P E I
A K

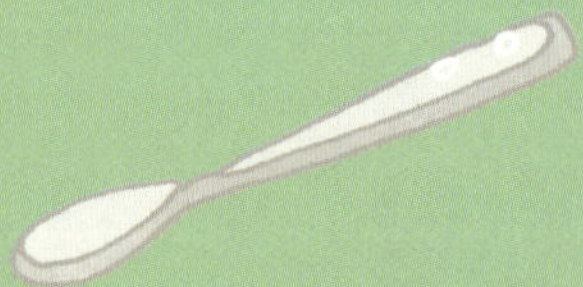

GOLD（金）
INDIUM（铟）
IRIDIUM（铱）
OSMIUM（锇）
PALLADIUM（钯）
PLATINUM（铂）
RHENIUM（铼）
RHODIUM（铑）
SCANDIUM（钪）
SILVER（银）

淘金热

自古以来，人们对于从岩石中开采出来的黄金就十分向往。这种柔软且绚丽的金属可以在熔化之后再铸造成金锭。

右图中，每个金锭上的数字是其下方相邻的两个金锭上的数字之和。请把图中空缺的数字补充完整。

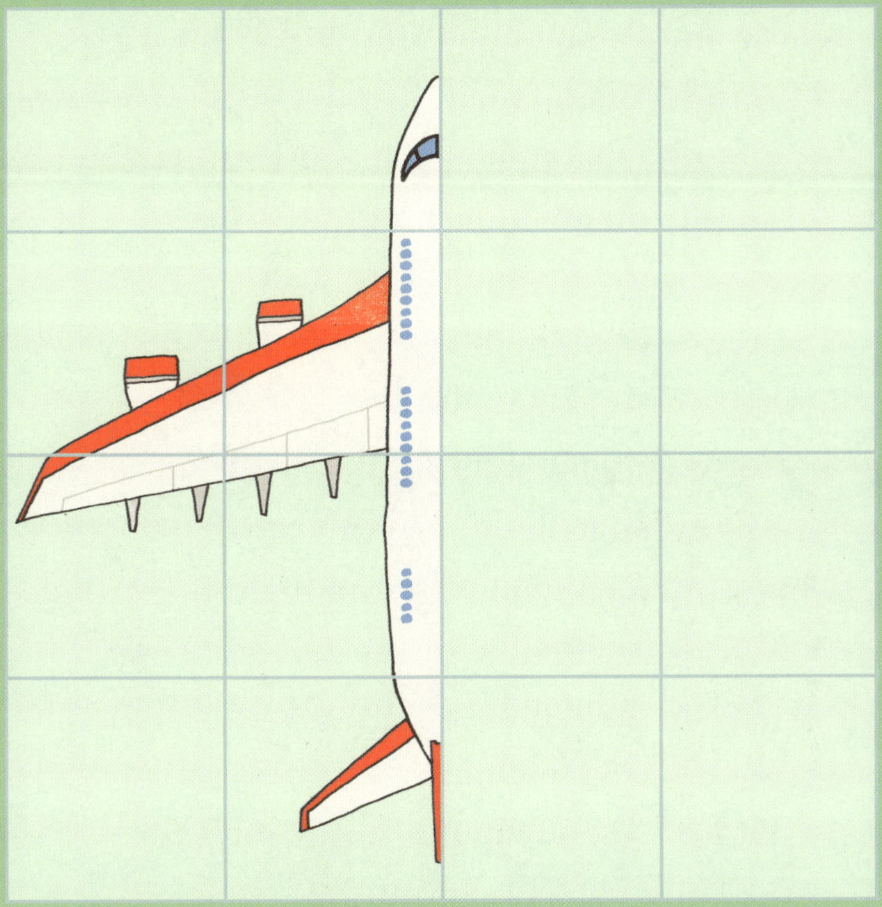

铝因其坚固且轻便的特性被用于制造飞机。根据已画出的图样把飞机画完整。

价格波动

铝的价格曾一度超过黄金的价格，但在生产成本降低后其价格暴跌。现在，铝被应用于制造多种物品，例如汽车、家居用品。

铝是地壳中含量最丰富的金属。

关于云的一切

当人们抬头仰望天空时，永远找不到两朵完全相同的云。这些聚集在一起的水滴通常飘浮在距离地面约几百米至上万米的空中。

帮这只秃鹫找到穿越云层迷宫的路。

秃鹫这种高空飞行的鸟类可以飞至距离地面约3000米的空中。

移动云朵

气象学家（研究天气的人）根据云的形状和在天空中的位置对云进行分类。

在左图中添加不同类型的云，保证每行、每列和每个六宫格中都包含六种不同类型的云。

降水谜题

降水以不同形式从云层中落下，可以是液态的，也可以是固态的。雨、雪、雨夹雪和冰雹是最常见的降水类型。

将每种降水类型的描述和对应的图连起来。

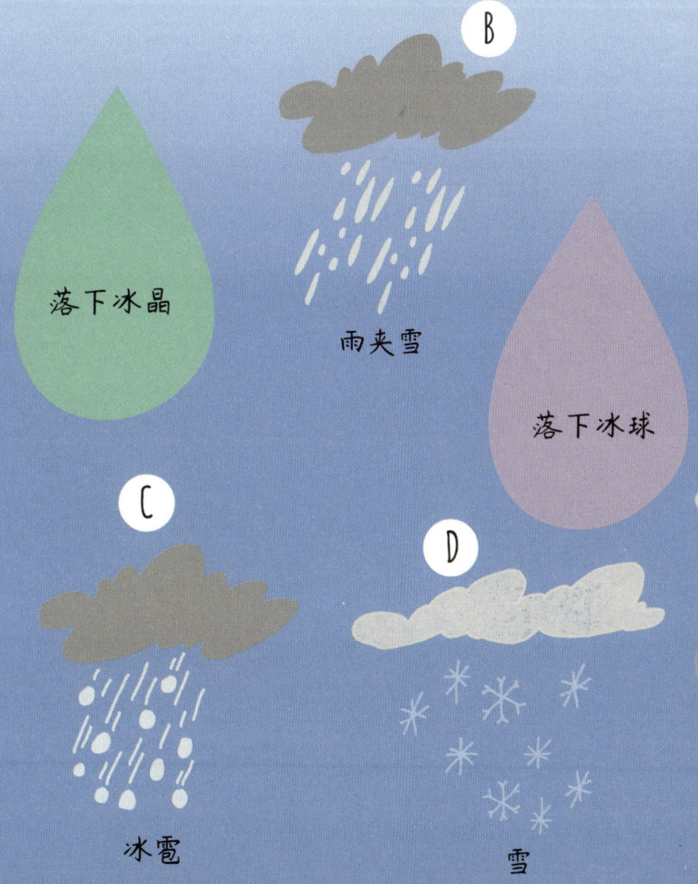

多刺的植物

仙人掌完全适应了南美洲和北美洲沙漠里干燥、炎热的环境。这些带刺的植物可以在茎和根中储存大量水分，能从低矮的植株长成高度超过20米的巨型植物。

从仙人掌顶端开始，保留第1个字，画掉其后面3个字，以此类推，每画掉3个字保留下1个字，保留下来的4个字能组成一类储水能力超强的植物的名称。

有些品种的仙人掌可以活300年。

萨瓜罗仙人掌

从1开始，按数字从小到大的顺序把图中的圆点连起来，画出这种美国最高的仙人掌品种。

世界上最高的萨瓜罗仙人掌高约23.8米。

蚂蚁伙伴

勤劳的蚂蚁会定期清洁仙人掌植株，以保护仙人掌免受细菌和真菌的侵害。同时，蚂蚁还能享用仙人掌甜甜的花蜜。

在右图里找到6只躲藏在仙人掌中的小蚂蚁。

美丽的蝴蝶

除南极洲之外，在世界其他各大洲都能找到美丽的蝴蝶。因为南极洲的温度太低，蝴蝶无法在那里飞行。蝴蝶的一生会经历非常神奇的变化，这个过程中的形态变化叫作“变态”。

从卵开始，根据蝴蝶生命周期各阶段的形态给这6幅图排序。

1

在英语中，“一群黑脉金斑蝶”可以表达为“a flutter of monarch butterflies”，强调群蝶翅膀扑扇（flutter）的动感。

自然之美

蝴蝶是所有昆虫中最迷人的物种之一，因为它有醒目的颜色和轻盈飘逸的翅膀。

用画笔给下图中蝴蝶的右翅画上花纹，可以按照左边的图样画，也可以自己创作新的图案。

欧洲的蝴蝶

在欧洲，生活着近五百种蝴蝶，其中既有闪闪发光的普通蓝蝴蝶，也有濒危的罕莱（lái）灰蝶。

请完成右边的图片谜题，保证每行、每列和每个六宫格中都包含六种不同种类的蝴蝶。

坚固的岩石

位于美国亚利桑那州的科罗拉多大峡谷被认为是“世界七大自然奇观”之一。人们今天看见的这个巨大峡谷是由一系列小峡谷经过约7000万年的演变而形成的。

写出下面3个物体在左图中的位置：

4 A

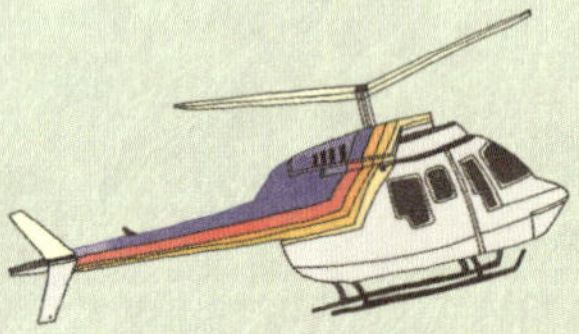

圣地

伫立在澳大利亚中部的乌鲁鲁是一块巨大的古老岩石。对于在这片土地上生活了数万年的土著居民来说，乌鲁鲁巨石是神圣的。

哪两块拼图碎片可以填补右图中的空白？将对应的字母填到空白处。

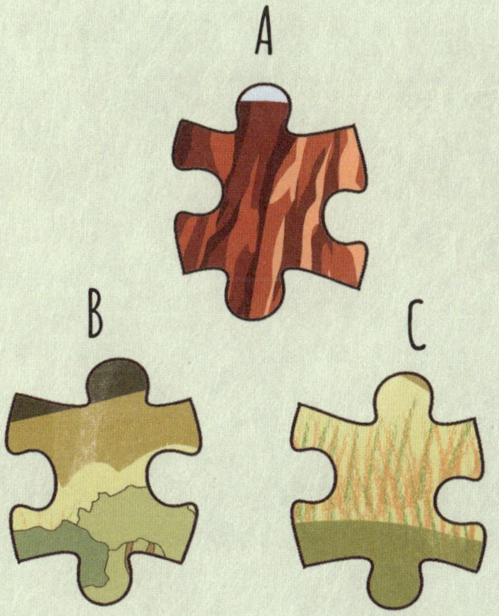

巨人堤

由约4万根六边形石柱组成的巨人堤是北爱尔兰著名的自然景观。巨人堤是在约6000万年前一次火山喷发后形成的。

从起点开始，找到通往终点的正确路径，每走一步，数字都要翻一倍。

生活在北极

生活在北极的野生动物，无论是陆地动物还是海洋动物，都要适应那里寒冷多风的极端气候。虎鲸身上厚厚的鲸脂可以帮助它保暖。不仅如此，虎鲸黑色的背部便于它在海面上进行伪装，而它白色的腹部使它不易被海面下的生物发现。

虎鲸也被称为逆戟（jǐ）鲸，是海豚科中体形最大的物种。

你能找出这两幅图中的6处不同吗？

极地伙伴

这种动物对极地环境的适应性表现在以下三个方面：一是它拥有白色的皮毛作为保护色，便于隐藏；二是它身上有厚厚的脂肪用于保暖；三是它强大的胃可以消化高脂肪的食物，最大限度地为身体提供能量。

从1开始，按数字从小到大的顺序把图中的圆点连起来，就能看到这种雪白的生物。

候鸟

北极燕鸥是动物王国中迁徙距离最远的动物——它们每年都会从北极圈飞到南极圈。

数一数，左图中一共有多少只北极燕鸥？

惊人的食虫植物

虽然许多植物是包括昆虫在内的许多动物的食物来源，但一些植物转变了这种规则，反而以昆虫和一些小型动物（例如青蛙、啮齿动物等）为食。这些狡猾的食虫植物已经进化出极具迷惑性的捕虫技能，比如拥有香甜的花蜜，长有捕虫叶和充满黏液的陷阱。

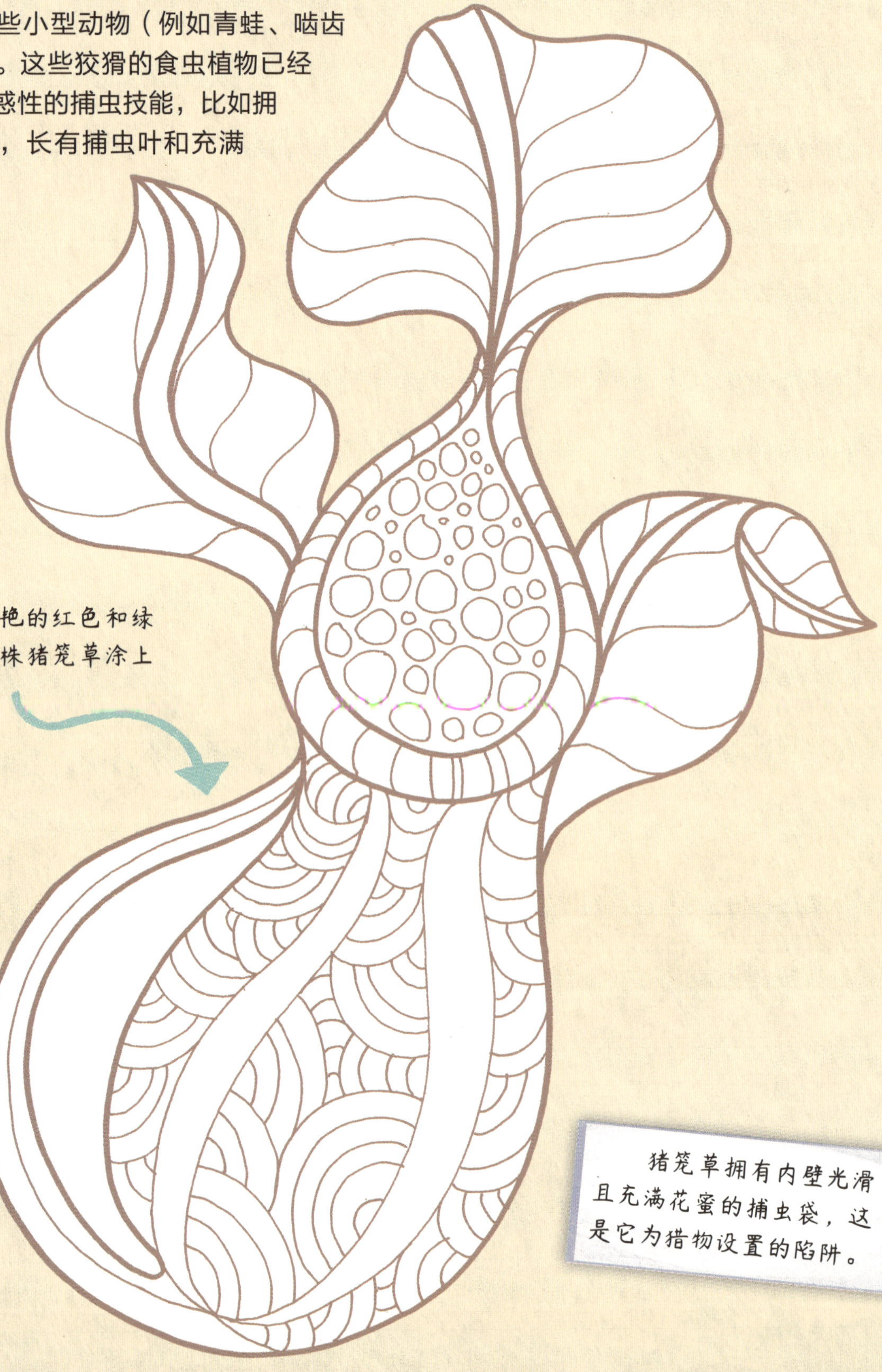

用鲜艳的红色和绿色来为这株猪笼草涂上颜色。

猪笼草拥有内壁光滑且充满花蜜的捕虫袋，这是它为猎物设置的陷阱。

诱捕

捕蝇草是一种食虫植物，它用充满黏液的夹子状叶子捕捉昆虫。被捕捉到的昆虫会在接下来的几天内被捕蝇草完全消化。顺着路线找一找，左图中哪个陷阱能等到美味的食物?

伪装的食虫者

口渴的昆虫被茅膏菜叶子末端的“水滴”吸引，但这些“水滴”并不是水，而是用于诱捕猎物的黏液。

画掉右图中所有是3的倍数的数字，将剩下的3个数字根据提示写在图片下方对应的方格中，最后得到的三位数就是茅膏菜的品种数量。

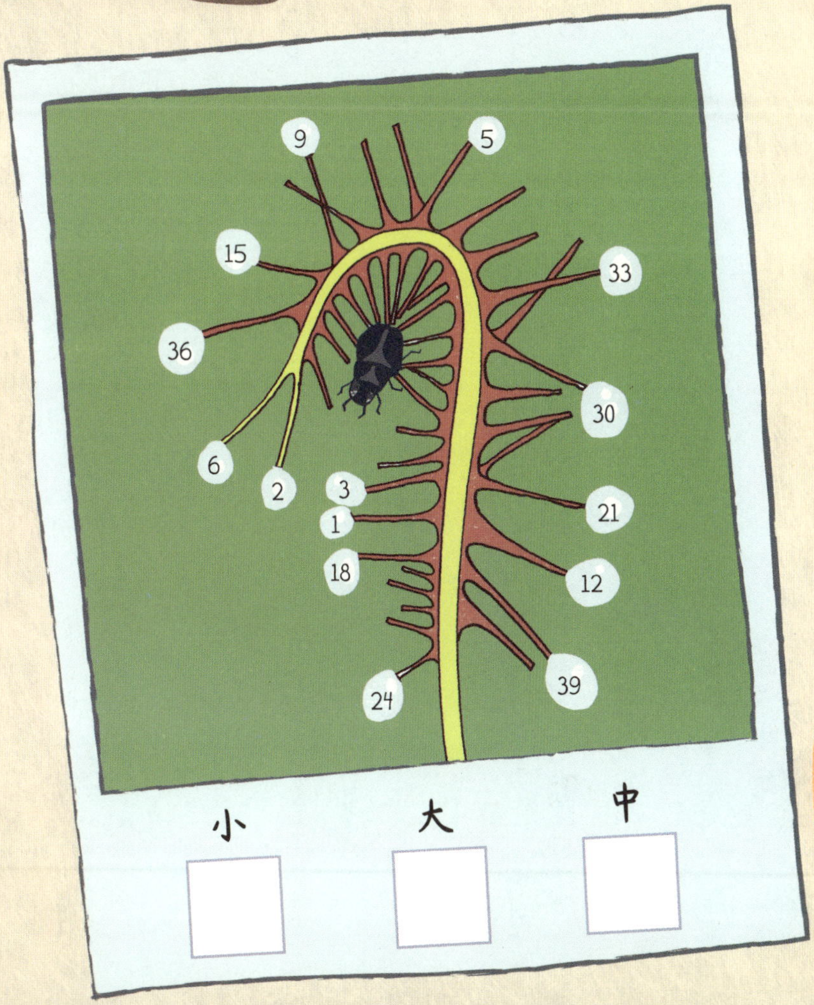

勤劳的蜜蜂

蜜蜂为水果、蔬菜和坚果等多种作物授粉，这些作物是人类和动物的食物。蜜蜂的这项重要工作确保了许多植物和粮食作物可以繁衍。不仅如此，人类自古以来就会食用蜜蜂酿造的香甜蜂蜜。

从A开始，按照英文字母表的顺序，带领小蜜蜂穿越蜂巢迷宫到达终点。

勤恳的昆虫

忙碌的蜜蜂不仅仅能酿造蜂蜜。在下面的字母网格中找出这5种由蜜蜂生产的产品的英文名称。注意，组成每个单词的字母都在一条直线上，可以是竖线或斜线。

蜂蜜（HONEY），一种能缓解烧伤、治疗咳嗽的甜味剂。

蜂蜡（BEESWAX），可以用于制作蜡烛、家具上光剂和化妆品。

蜂胶 (PROPOLIS)，自古以来使用于愈合伤口和治疗感染。

蜂王浆（ROYAL JELLY），一种健康的食物。

蜂毒（BEE VENOM），一种用于治疗疼痛的药。

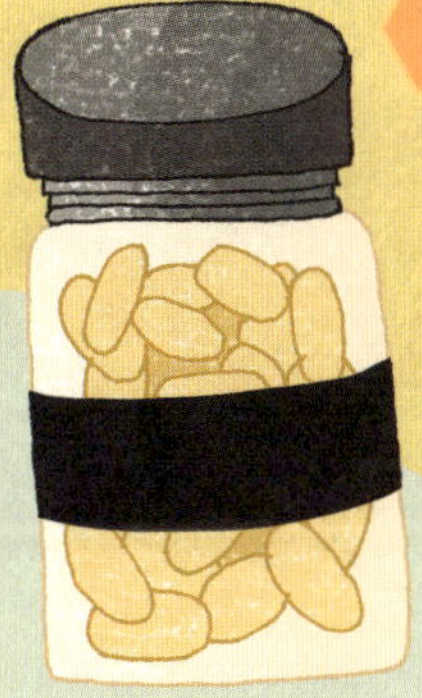

边缘切割

雌性切叶蜂用自己的上颚作为剪刀，裁下一部分树叶带入巢中，用于筑造巢穴。

找一找，哪根树枝是左图这根树枝的镜像图？

天然的彩虹色

自然界是各种色彩斑斓的生物的家园，这些生物拥有绚烂的色彩，要么是为了吸引配偶，要么是为了躲避捕食者，要么是为了便于在栖息地隐藏。变色龙是一种可以改变身体颜色的动物，它改变颜色除了以上三个原因，还为了控制体温。

找到正确的三块拼图碎片，并将序号写在上图中对应的空白处，完成这幅画。

极其致命

鲜艳的花斑连鳍䲗（xián）看起来很漂亮，但闻起来却很臭。花斑连鳍䲗会释放毒素和恶臭来警告捕食者。按照图中圆点的颜色给这条花斑连鳍䲗涂上颜色。

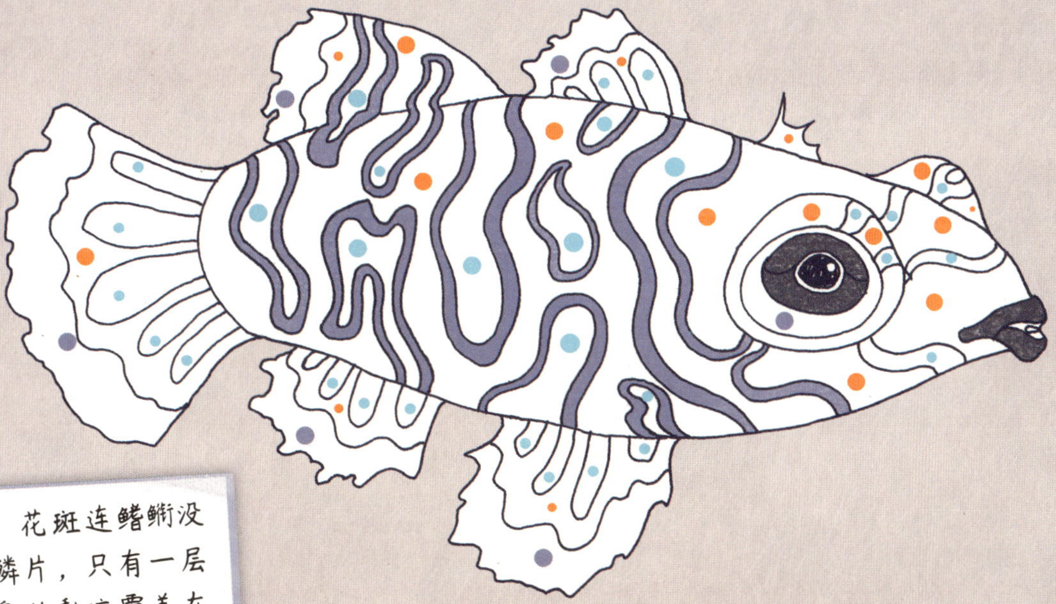

花斑连鳍䲗没有鳞片，只有一层臭臭的黏液覆盖在身体表面。

在粉红色中

火烈鸟身上的粉红色是从饮食中获得的，它们吃的藻类和虾的色素使其羽毛变成了粉红色。

找出两幅火烈鸟图片中的6个不同之处。

火山喷发

火山是地球上最危险的自然地貌之一。火山喷发时，其内部的熔融物质（被称为“岩浆”）、火山灰和气体会从地球表面的火山口喷涌出来。1883年印度尼西亚喀拉喀托火山喷发是近代历史上最惨烈的一次火山喷发，附近的数百个村庄在那场灾难中被摧毁。

炽热的岩浆温度可达1200℃。

危险的深海

科学家预估在地球的海面之下有100多万座火山，不过其中许多是死火山。

这种形成于海洋底部的火山有一个专门的名称。请根据左图中拼音的提示，把正确的名称写下来。

____ ____ ____ ____

破坏性喷发

埃亚菲亚德拉是冰岛的一座活火山。2010年，这座火山喷发时在空中形成了巨大的火山灰云团，导致欧洲超过10万架次航班停飞。

下图中标注了埃亚菲亚德拉火山在冰岛语中的写法，先猜一猜这个名字中有多少个字母，再数一数到底有多少个字母。

你猜的字母数：

你数出来的字母数：

闪闪发光的宝石

地球上的自然宝藏——宝石，是以晶体的形态被人们从岩石中开采出来的。珍贵的晶体会被切割、抛光制成形状各异、大小不一、闪闪发光的宝石。英国王冠珠宝是王室的珠宝收藏，保存在伦敦塔内。

找出上下两幅图中的6个不同之处。

举世闻名的英国王冠珠宝中有23578颗价值连城的宝石和半宝石。

远古的宝藏

许多个世纪以来，宝石一直令人着迷。古希腊人认为钻石是天神流下的眼泪，而古罗马人则认为钻石是流星的碎片。

仔细观察下图中每一行前三组宝石的排列规律，并试着画出下一组宝石。

藏在表格里的宝石

钻石、祖母绿、红宝石和蓝宝石这四种宝石被认为是贵重宝石，此外还有数百种次珍贵的半宝石。

你能在右边的表格里找到以下10种宝石或矿物的英文名称吗？注意，组成每个单词的字母都在一条直线上，可以是横线、竖线或斜线。

AMBER（琥珀）　　OBSIDIAN（黑曜石）
AMETHYST（紫水晶）　　PEARL（珍珠）
DIAMOND（钻石）　　QUARTZ（石英）
EMERALD（祖母绿）　　RUBY（红宝石）
GARNET（石榴石）　　SAPPHIRE（蓝宝石）

A	F	C	M	L	J	U	I	P	E	Q	L
Z	G	V	W	P	O	N	X	M	V	U	D
U	D	E	F	C	T	O	S	P	H	A	P
S	N	M	B	E	S	B	K	M	F	R	E
A	M	E	T	H	Y	S	T	P	W	T	A
P	S	R	M	U	N	I	W	M	E	Z	R
P	K	A	C	V	O	D	B	N	I	C	L
H	T	L	U	R	V	I	R	M	K	M	N
I	J	D	E	Z	S	A	F	U	T	D	S
R	V	B	O	D	G	N	C	M	B	W	A
E	M	I	P	T	L	X	F	P	E	Y	K
A	G	D	N	O	M	A	I	D	I	L	H

不可思议的旅程

地球上有些动物的迁徙令人惊叹，它们穿越海洋，抵达不同的大陆寻找临时家园。大多数动物迁徙是为了寻找食物或繁衍后代，而有些动物则是为了躲避极端温度。在澳大利亚偏远的圣诞岛上，数以百万计的红蟹会从陆地迁徙至海边产卵。

这些红蟹每年从雨林向海洋迁徙的时候，圣诞岛的道路都会变成“红色的河流”。

数一数，图中一共有多少只红蟹？

旅行的海龟

随着季节的变化，大多数海龟会迁徙到温暖的地方寻找食物或筑巢，而这种迁徙的距离通常长达数千千米。

pí
棱___龟

根据拼音写出对应的汉字，把这三只海龟的名称补充完整。

lù
___海龟

hóng　　　xī
___海龟（蠵龟）

迁徙的帝王蝶

帝王蝶（学名“黑脉金斑蝶”）以其大规模的远距离迁徙而闻名，它们会从美国北部各州和加拿大南部地区飞往美国南部的加利福尼亚州或墨西哥。帝王蝶利用地球磁场和太阳辨别方位，最终到达温暖的南方享受舒适的温度。

从起点开始，沿着帝王蝶迁徙的方向穿越迷宫，抵达终点。

北极光

北极光是在北极圈附近地区的天空中出现的一种光。在北极圈周围的美国阿拉斯加州和挪威等地区都能看到北极光。太阳发出的微小带电粒子进入地球高纬度地区的大气层后开始燃烧，从而形成了绚丽多彩的极光。

北欧神话

几千年来，北极光令许多文明着迷。生活在北欧的维京人认为，北极光是强大的女武神瓦尔基里手中的盾牌反射出的光芒。

按照下图，在空白格中临摹一幅瓦尔基里的画像。

阿拉斯加的风光

如果你去美国阿拉斯加州看北极光，那很可能会遇到阿拉斯加驼鹿。

仔细观察这些驼鹿，找出与众不同的那一只。

致命掠食者

在海洋、淡水河流或湖泊中，潜藏着一些致命的掠食者。有毒的玫瑰毒鲉（俗称“石头鱼”）是水中的伪装高手，它经常被误认为是石头或珊瑚。如果不小心踩到玫瑰毒鲉（yóu），后果不堪设想。

在这群玫瑰毒鲉中找到与众不同的那一条。

玫瑰毒鲉的毒腺在它背鳍顶部的13根棘上。

有毒的“泡芙”

河豚可以把自己的身体膨胀到正常大小的几倍，以此来躲避捕食者。河豚体内的毒素对人类和其他许多鱼类来说都是致命的。

找一找，哪个阴影能与左上角的河豚完全重合？

小心有电！

电鳗拥有特殊的发电器官，能够放电击晕猎物或威慑捕食者。

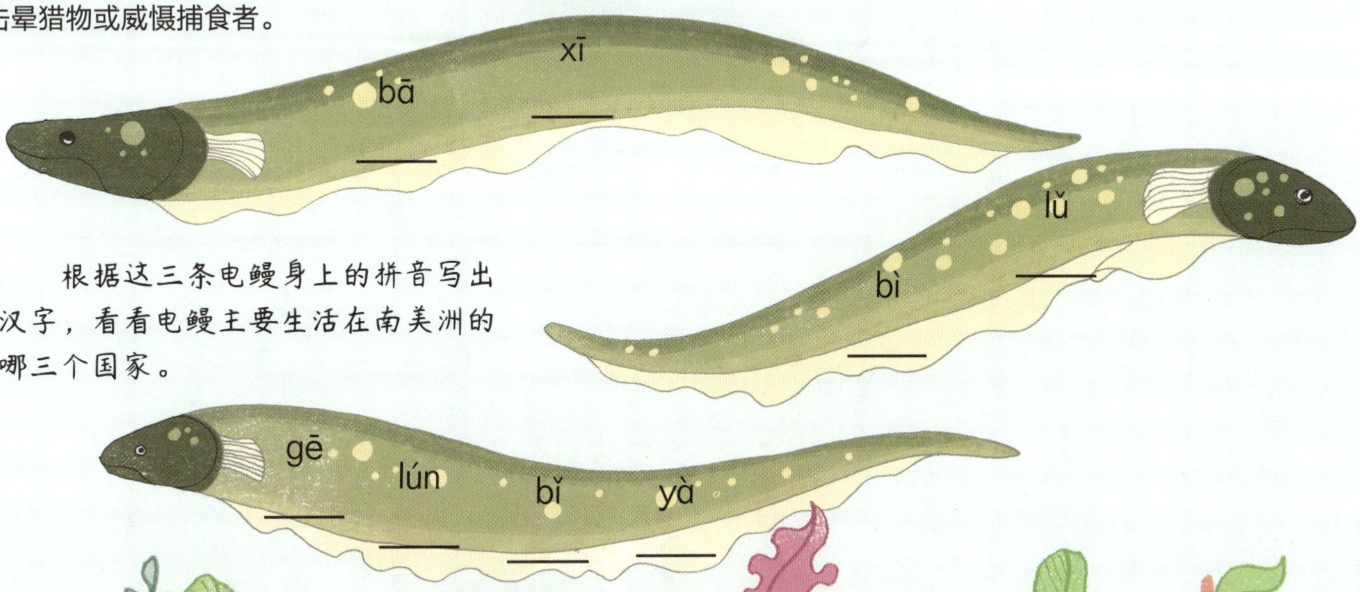

根据这三条电鳗身上的拼音写出汉字，看看电鳗主要生活在南美洲的哪三个国家。

发现真菌

蘑菇是一种真菌。与植物不同，真菌不需要阳光来为自己提供能量。松露是一种生长在森林土壤中的珍稀真菌，外表像土豆一样，是世界上最昂贵的食材之一。

哪头小猪能够顺利找到松露？

早在古罗马时期，人们就利用猪出色的嗅觉来寻找松露。

蘑菇猎人

R	P	C	H	A	N	T	E	R	E	L	L	E	S
E	I	O	D	N	H	C	Y	G	I	F	Z	J	D
W	B	Y	R	F	V	S	D	T	N	W	D	R	E
O	G	S	U	T	P	E	N	O	K	I	V	Q	A
L	D	T	O	K	O	G	Q	X	C	J	A	S	T
F	Z	E	C	Y	R	B	S	L	A	F	T	O	H
I	W	R	S	Q	T	I	E	R	P	G	X	P	C
L	E	K	G	H	F	R	J	L	Y	V	H	L	A
U	G	V	A	X	O	W	K	R	L	Q	F	U	P
A	J	P	D	M	Z	B	U	T	T	O	N	C	D
C	R	L	T	Y	K	A	E	T	S	F	E	E	B

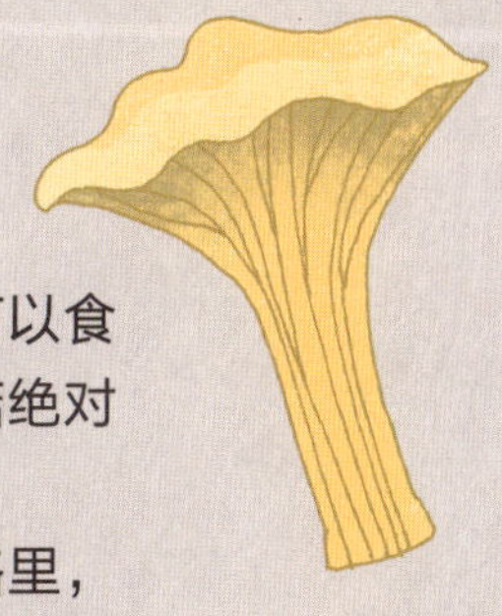

许多蘑菇是可以食用的，但有些蘑菇绝对不能食用。

在左边的表格里，找到以下10种蘑菇的英文名称。注意，组成每个单词的字母都在一条直线上，可以是横线、竖线或斜线。

BEEFSTEAK（牛舌菌）
BUTTON（白蘑菇）
CAULIFLOWER（绣球菌）
CHANTERELLE（鸡油菌）
DEATH CAP（毒蝇鹅膏菌）
ENOKI（金针菇）
INKCAP（墨汁鬼伞）
MOREL（羊肚菌）
OYSTER（平菇）
PORTOBELLO（褐菇）

有毒的蘑菇

A

毒蝇鹅膏菌（也称“蛤蟆菌”）生长在欧洲、亚洲北部和北美洲的森林中。这种蘑菇可以观赏但不要触碰，因为它们看起来漂亮，实际上却有毒。

D

仔细观察这些毒蝇鹅膏菌，找出完全相同的两个。

F

B

C

E

亚马孙热带雨林

世界上最大的热带雨林在赤道附近，它为许多动物提供了食物和栖息地。热带雨林里的树长得十分高大，遮天蔽日。

亚马孙热带雨林非常辽阔，大小与两个印度的面积相当。

从起点开始穿越大树迷宫，到树顶沐浴阳光。

去野外

众所周知，亚马孙热带雨林是数千种奇妙野生生物的家园，而且还不断有新的动物和植物被发现。

仔细观察下面每一行的生物，找到排列规律，再画出空缺的生物。

1

2

3

可怜的金刚鹦鹉

金刚鹦鹉是群居动物，它们通过发出响亮的叫声来进行交流。

数一数，下图中一共有多少只金刚鹦鹉？

由于人类滥伐森林，在17种主要金刚鹦鹉品种中，有多个品种已经灭绝或濒临灭绝。

亚马孙河

亚马孙河流经巴西、哥伦比亚、秘鲁和委内瑞拉等国家，是世界上水量最大的河流。这里也是一些独特野生动物的栖息地，例如亚马孙河豚和许多鱼类。

亚马孙河是世界第二长河，总长度超过6400千米。

从起点开始，帮小青蛙找到穿越迷宫的正确路径，途中要经过所有标有5的倍数的荷叶。

爬行猎手

黑凯门鳄是亚马孙河中体形巨大的食肉动物，能长到6米长。从1开始，按数字从小到大的顺序把图中的圆点连起来，就能看到黑凯门鳄的全貌。

黑凯门鳄的名字来源于它黑色的皮肤，这样的肤色便于它在夜间捕猎时隐藏自己。

锯脂鲤

锯脂鲤（俗称“食人鱼”“水虎鱼”）已经在亚马孙河流域生活了数百万年，以其锋利的牙齿被人熟知。

照着左边的图样，在下面的空白格中画出一条锯脂鲤，你可以先依次完成每个小方格里的图案。

神奇的蜘蛛

蜘蛛是蛛形纲动物，而不是昆虫。在除南极洲以外的各大洲都能找到蜘蛛的身影。在已知的45000多种蜘蛛中，大多数蜘蛛都会通过吐丝织网来捕捉昆虫、蜥蜴和鸟类等猎物。

把图中的圆点连起来，修补好这张蜘蛛网。

某些蜘蛛可以通过调节蛛丝中色素的含量，使黄色的蛛丝变亮或变暗。

澳大利亚红背蜘蛛

这种蜘蛛因其背部的红色或橙色斑纹得名，有剧毒，主要分布在澳大利亚和亚洲东南部地区。

按照已画出的图样，把这只蜘蛛画完整。

蜘蛛卵

雌蜘蛛有时会织一个卵囊，里面有1000多个卵；有时会织多个卵囊，但每个卵囊中的卵较少。

填写卵囊上缺少的数字。提示：每个数字都是其下方相邻两个数字的和。

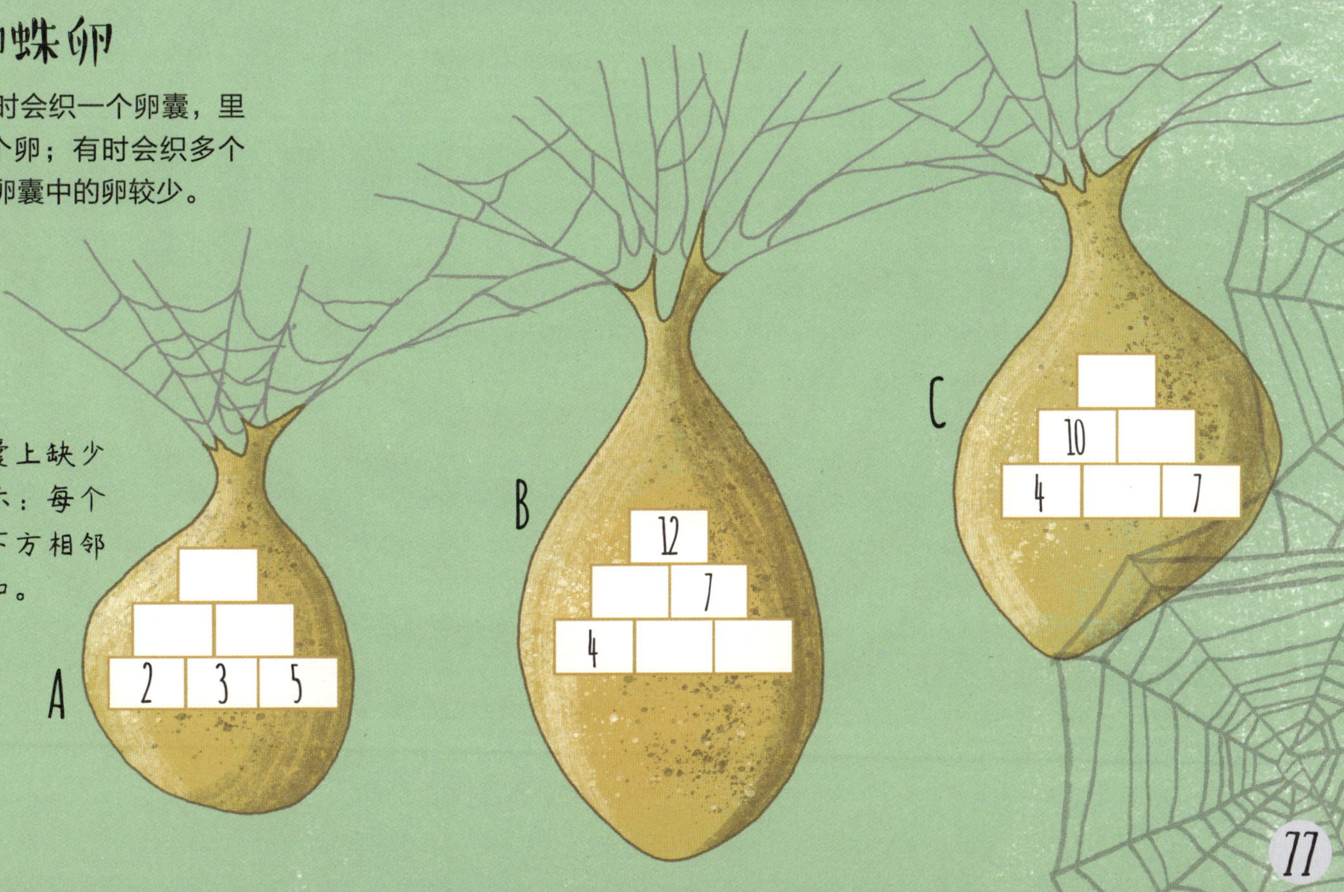

有益于健康的植物

几个世纪以来，人类不断在所种植的植物中寻找那些可以缓解疼痛或治疗疾病的植物。在现代医学中，许多常见的园林植物都具有药用价值。

薰衣草被认为有放松身心的功效。几个世纪以来，薰衣草一直被用来预防瘟疫，但并不是每次都管用。

穿过迷宫，抵达薰衣草花园的中心。

蓍

在希腊神话中，海洋女神忒提斯曾在她的儿子阿喀琉斯的洗澡水中加入了蓍（shī，也称“蓍草”）。据说阿喀琉斯因为蓍的保护功效而成为战场上所向披靡的英雄。后来这种植物也被用于治疗士兵的伤口。

在左边的植株中找到下面三处细节的位置并圈出来。

疗效

这种带刺的植物有着特殊的功效，它能用于治疗烧伤，人类食用它还能促进消化。

把右图叶子上的拼音字母重新组合，看看是哪两个字的拼音，就能知道这种植物的名字。

—— ————

——

高山之巅

地球上最高的十座山峰中有九座位于喜马拉雅山脉，其中雄伟的珠穆朗玛峰是世界第一高峰。由于气候过于恶劣，喜马拉雅山脉的高海拔地区几乎没有人居住。

最新的科学测量结果显示，珠穆朗玛峰海拔8848.86米。

顺着线路找一找，哪位登山者能抵达山顶？

寻找喜马拉雅小熊猫

因气候变化，濒危动物喜马拉雅小熊猫的生存受到威胁。现存的野生喜马拉雅小熊猫数量不足10000只，其中大部分生活在喜马拉雅山脉东麓地区。

照着上图左边的图样，在右边的空白格中画出一只喜马拉雅小熊猫，你可以先依次完成每个小方格里的图案。

熊出没

在尼泊尔的民间传说中，“雪人”是一种生活在喜马拉雅山脉的类人猿。但其实，登山者看到的“雪人”更有可能是喜马拉雅黑熊。

找出这两头黑熊的5个不同之处。

追光去

有些动物会因为体内发生化学反应而发光，这种现象被称为“生物发光”。这种光亮既可以用来警告捕食者，有时又可以用来吸引异性。萤火虫因其腹部在夜间能够发光而被人熟知。

圈出身上数字为质数的萤火虫。

质数是指除了它本身和1以外，不能被其他正整数所整除的大于1的正整数。

灯笼鱼

灯笼鱼因其能发光照亮自身周围的黑暗水域而得名。灯笼鱼的这种光亮既可以用于捕食——吸引更小的鱼类靠近，也可以用来吸引异性进行交配。

找出下图中与众不同的一条灯笼鱼。

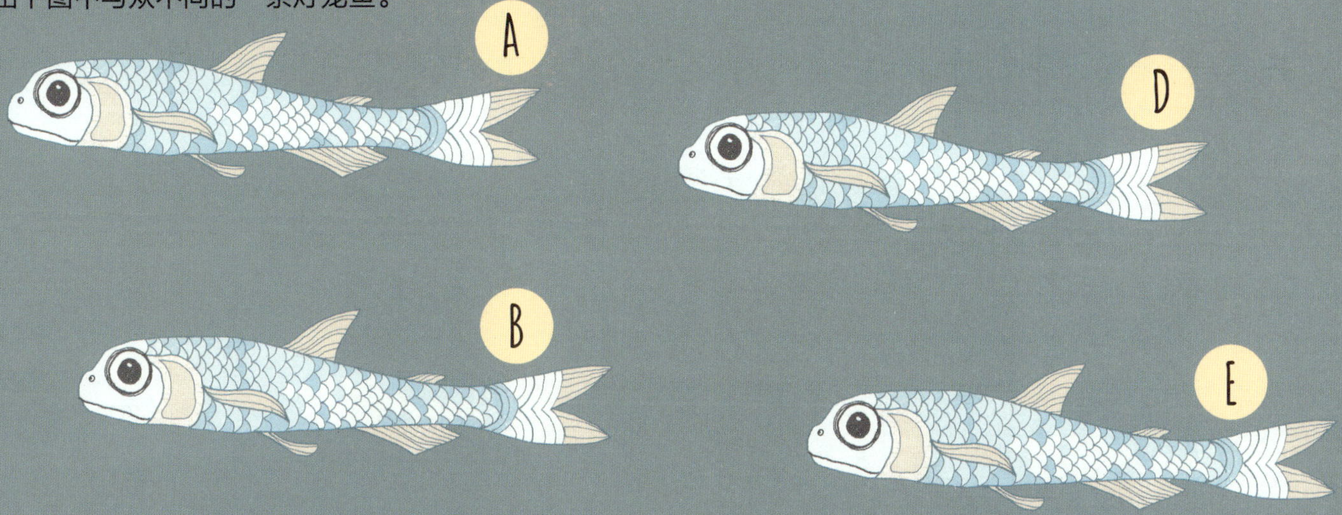

乱作一团的水母

夜光游水母如果受到惊吓就会留下一条发光的黏液，这种生物的名字在德语中的意思是“夜灯”。

数一数，图中一共有多少只水母?

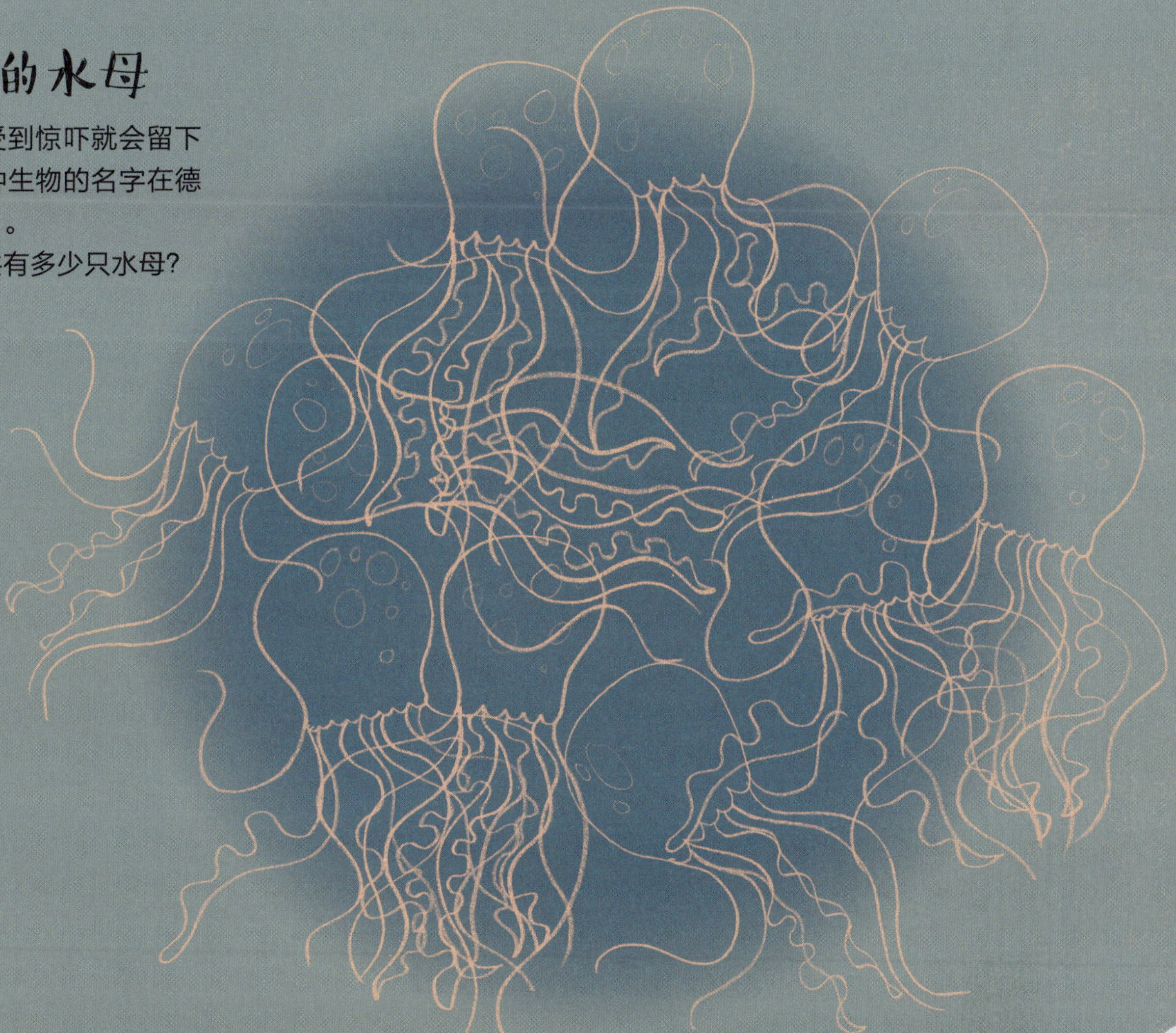

水之奇观

地球表面71%的面积都被水覆盖，所以就不难理解许多自然奇观都与水有关。从壮观的瀑布到水下间歇泉，海面上下的水之奇观都令人惊叹。

委内瑞拉的安赫尔瀑布是世界上落差最大的瀑布，落差约979米。

找一找，哪条路线能顺利从瀑布的顶端到达底部。

绝美粉色

澳大利亚的希利尔湖是一个瑰丽绝伦的自然奇观。细菌和藻类在含盐的湖水中大量繁殖，使其呈现出梦幻的粉色。

仔细观察这些拼块，找到不属于希利尔湖的那一块。

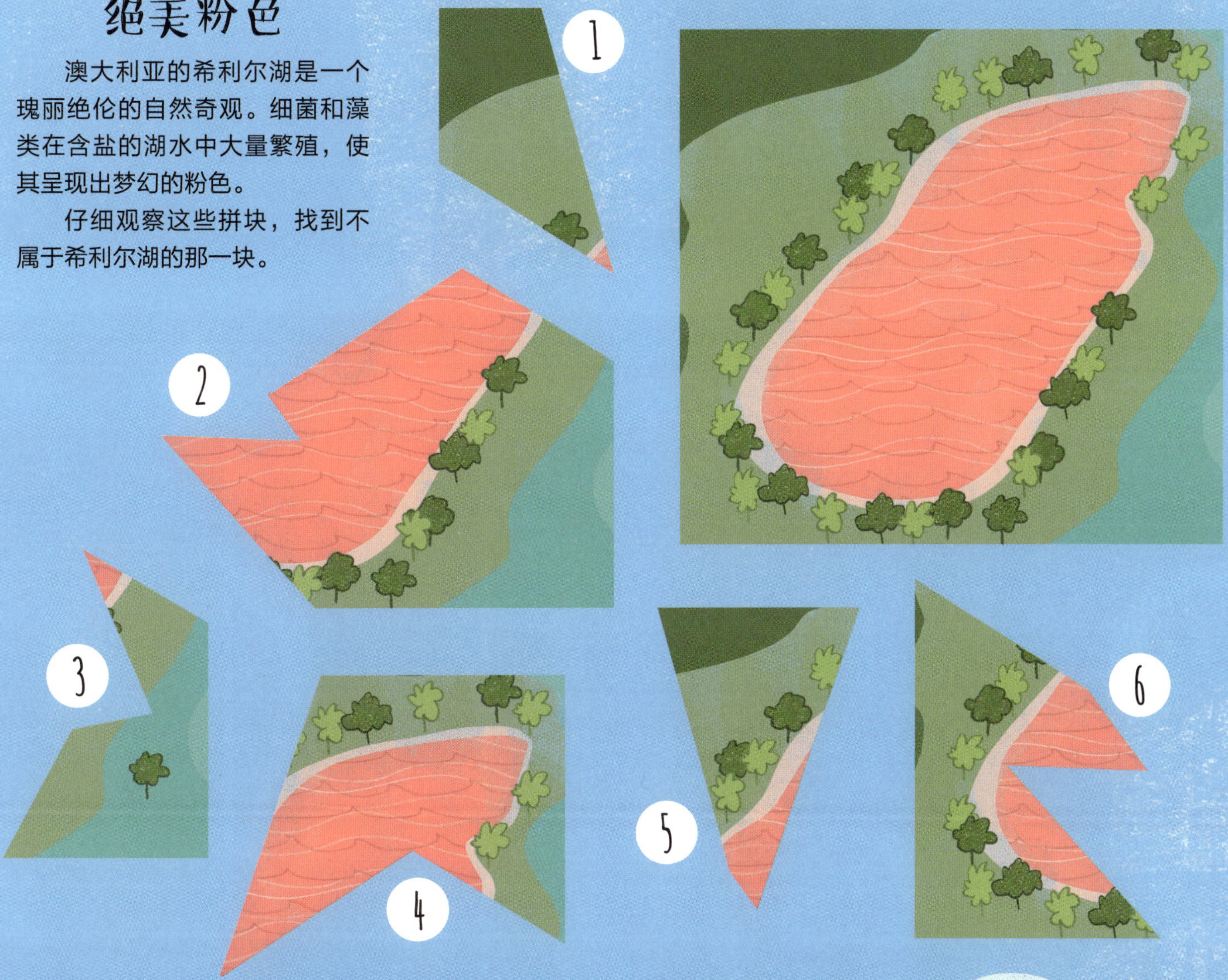

深海冲击

深海热液喷口将水和气体从海底排出，使附近水域的水温飙升，生物得以生存繁衍。

找到每个喷口数字中的奇数并按顺序写下来，你就能知道深海热液喷口首次被发现的年份。

年份 ____

好臭呀

有些动物发出难闻气味的原因有很多——可能是为了警告捕食者，或是为了标记领地，也可能是为了保护自己的食物。臭鼬被认为是地球上最臭的物种之一。

臭鼬和家养的猫差不多大小，主要分布在美国、加拿大、墨西哥和拉丁美洲地区。

把下图按正确的顺序重新排列。

A　B　C　D　E

A	B	C	D	E
	1			

不太好闻的臭鸟

麝雉（shè zhì），俗称“臭鸟”，是一种主要生活在亚马孙河流域的食草动物。它们每天会花4个小时啃食树上的叶子，因为吃大量难以消化的树叶，所以身上会散发出像粪便一样难闻的味道。

拿出画笔，给这只麝雉涂上颜色。

难闻的节肢动物

这种无脊椎动物既不咬人也不蜇人，但真的很臭。它会释放出恶臭的液体来驱赶捕食者，所以遇见它时一定要小心哦！

根据图中的拼音写出正确的汉字，看看这种动物叫什么。

奇特的睡眠习惯

和人类一样，动物也需要通过睡眠来恢复体力，保持健康。很多动物养成了不同寻常的睡眠习惯，以保护自己不在睡梦中遭受捕食者的攻击，或者只是为了睡得更久。

按正确的顺序重新拼接下图，并将对应的序号写在左边的空格中。

众所周知，蝙蝠有倒挂着睡觉的习惯。它们这样做是为了保存体力，在危险来临时能够迅速逃离。

站着打盹儿

成年长颈鹿每天的睡眠时间大约为30分钟，但它们每次打盹儿的时间很短，可能只有5分钟。长颈鹿通常都是站着睡觉的，还睁着眼睛。

把两只长颈鹿身上的数字分别加起来，写在空格里，看看哪只长颈鹿睡得更久。

睡眠专家

如果要评选睡眠专家，一定非海象莫属。它们可以在任何地方睡觉——陆地上，海面上，甚至是水下。

在这群熟睡的海象中找到与众不同的那一只。

答案

第6页

第7页

关于印度枪鱼正确的描述：

印度枪鱼用它长长的吻部击打小鱼；

所有的印度枪鱼出生时都是雌性。

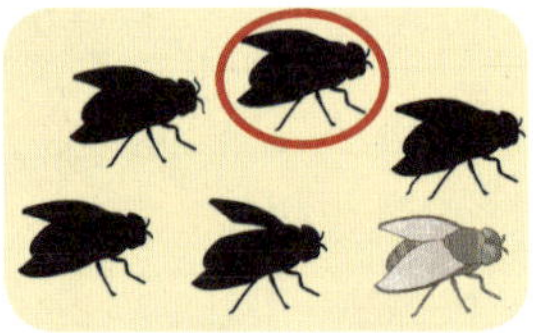

第8页

A树2389岁，

B树2149岁，

C树2638岁，

C树最老。

第9页

D	V	G	Y	M	J	V	N	I	Z	R	O
F	Q	T	R	U	C	O	O	S	D	U	L
M	J	B	A	L	I	P	I	K	B	S	I
I	C	D	V	R	T	Y	R	G	F	P	R
B	K	V	E	F	B	Q	U	D	C	R	C
Z	L	P	N	G	R	H	T	X	M	U	H
S	Y	C	S	Z	M	I	N	U	E	C	D
H	I	Q	T	R	F	K	E	J	N	E	P
G	F	Y	O	D	X	T	C	S	A	E	I
V	Z	B	W	C	M	Y	Q	B	R	S	N
K	Y	D	E	J	V	K	G	F	A	I	P
D	O	E	R	N	E	R	F	I	R	H	I

第10页

鹦鹉螺化石。

E琥珀与众不同。

第11页

恐龙化石图的正确顺序：

3，5，1，4，2。

第12页

鹤望兰。

第13页

7的倍数。

拼图B和C是正确的。

第14页

大犀牛的脚印比较多。

红毛猩猩。

第15页

图中一共有16头蓝鲸。

第16页

图E在1号位，图B在2号位，

图A在3号位，图F在4号位，

图D在5号位，图C在6号位。

第17页

第18页

C. 127−26=101

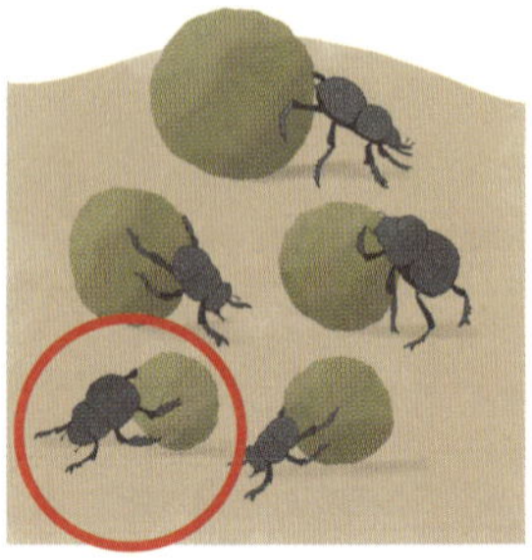

第19页

小提琴步甲。

第20页

超过40颗了，一共有44颗樱桃。

第21页

第22页

第23页

第24页

第25页

阴影C是正确的。

埃及眼镜蛇的毒性最强。

第26页

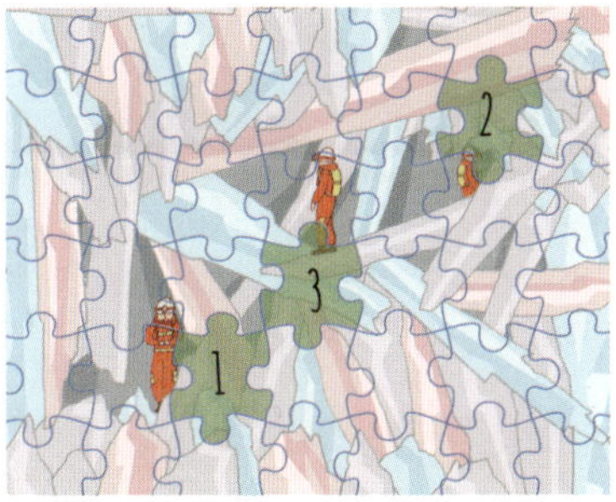

第27页

晶洞C与众不同。

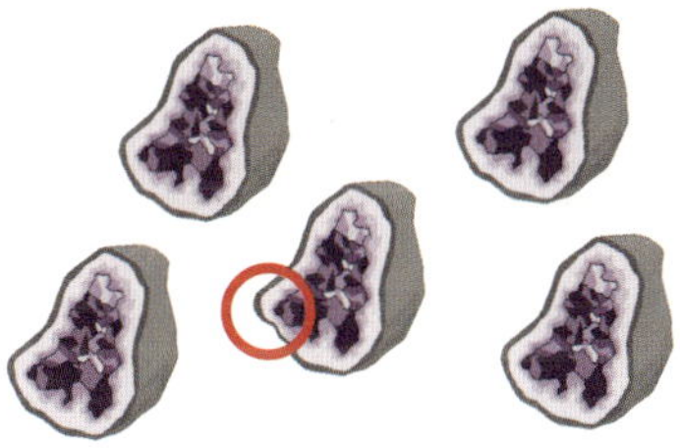

第28页

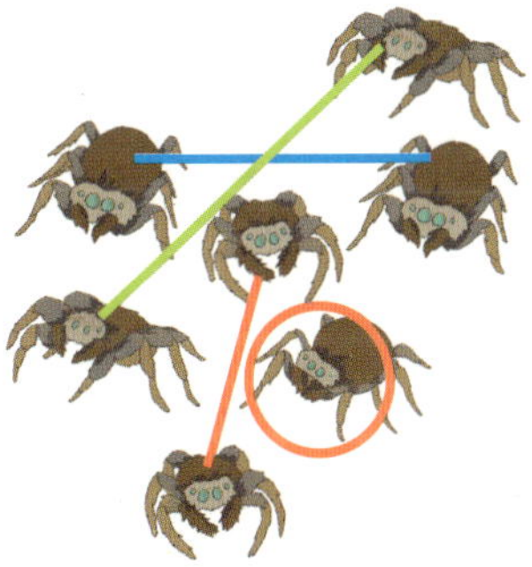

第29页

特写B不属于跳蚤。

第30页

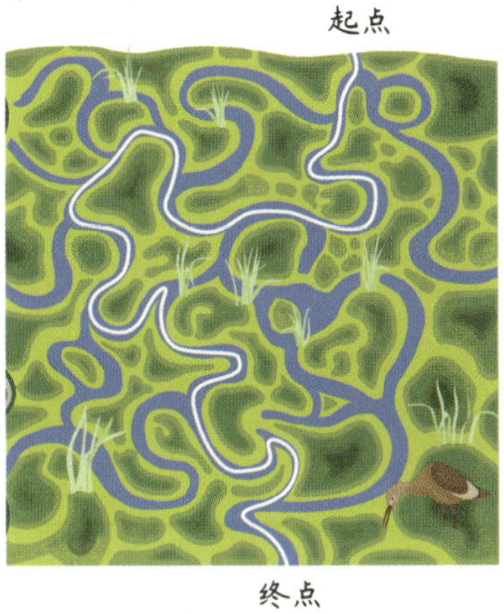

第31页

R	T	G	H	L	B	Y	D	W	J	I	F	Q	C
X	S	U	A	N	I	M	A	L	F	E	E	D	I
S	U	R	F	B	O	A	R	D	S	B	R	H	T
H	D	C	V	S	F	W	Y	K	U	X	T	L	S
B	O	B	X	Q	U	J	O	S	L	H	I	J	A
L	J	I	F	M	E	V	C	F	K	W	L	V	L
G	K	H	L	O	L	E	Y	B	S	M	I	G	P
V	F	M	W	K	O	H	J	E	C	O	Z	K	O
Y	Q	P	S	M	E	D	I	C	I	N	E	S	I
S	E	O	H	S	G	N	I	N	N	U	R	L	B

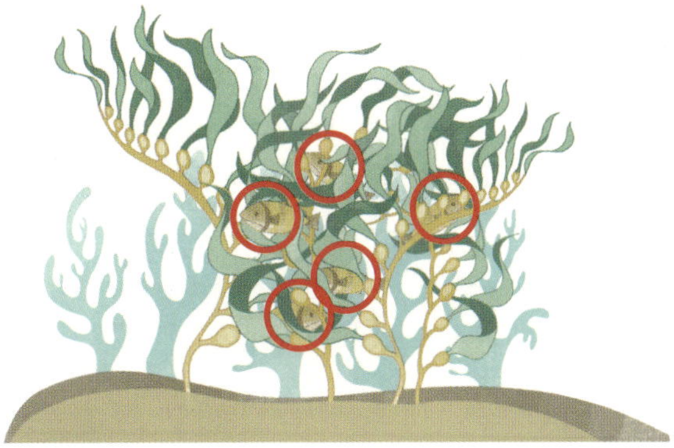

第32页

第33页

ALBATROSS（信天翁）

A	B	C	D	E	F	G	H	I	J	K	L	M
Z	Y	X	W	V	U	T	S	R	Q	P	O	N

N	O	P	Q	R	S	T	U	V	W	X	Y	Z
M	L	K	J	I	H	G	F	E	D	C	B	A

- [x] 交配时展示体态
- [x] 用于扇风保持凉爽
- [x] 跑步时保持平衡
- [x] 保护自己不受伤害
- [ ] 用于伪装

第34页

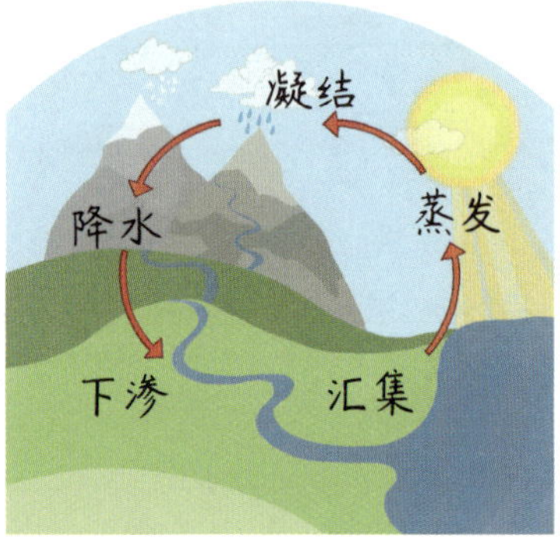

第35页

第36页

第37页

第38页

第39页

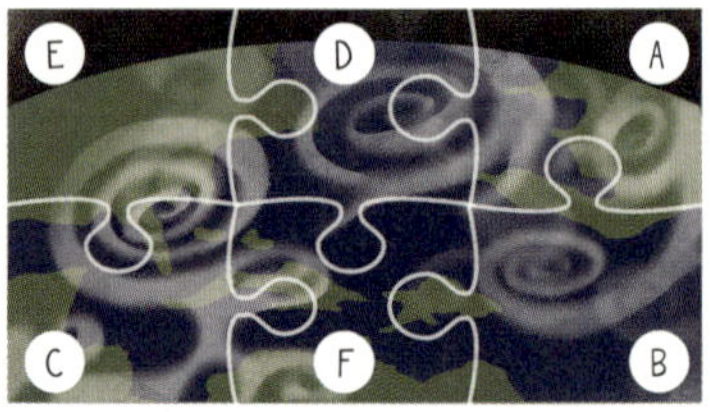

第40页

第41页

山羊B与众不同。

第42页

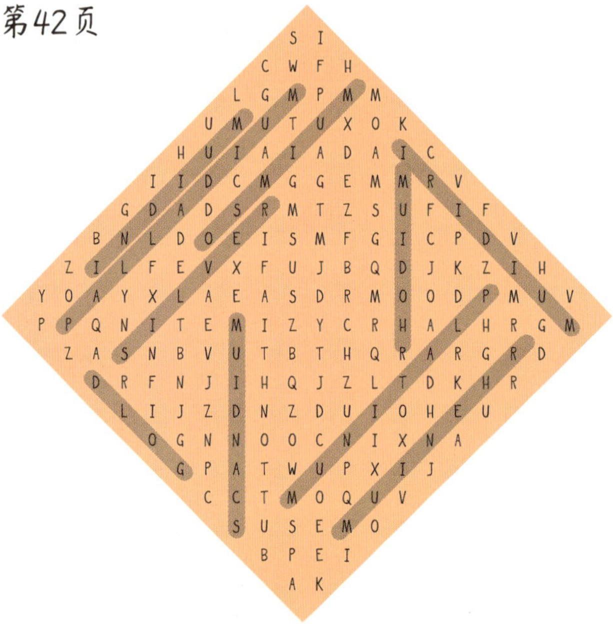

第43页

第44页

第45页

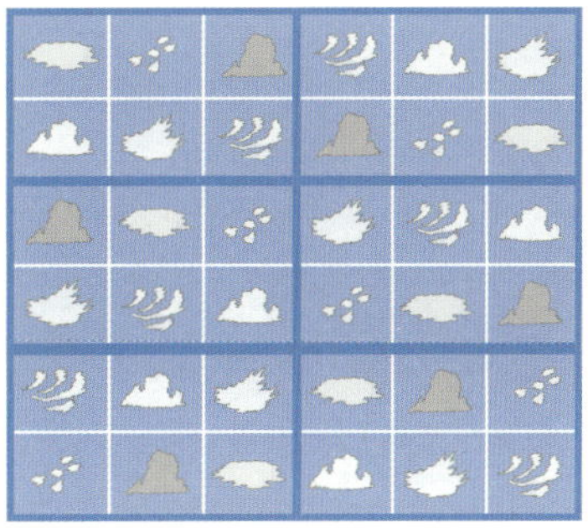

降水难题

A **雨**
落下液态水

B **雨夹雪**
雨水混合着雪同时降落

C **冰雹**
落下冰球

D **雪**
落下冰晶

第46页

肉质植物

第47页

第48页

第49页

第50页

第51页

第53页

第53页

一共有17只北极燕鸥。

第55页

茅膏菜的品种数为152。

第56页

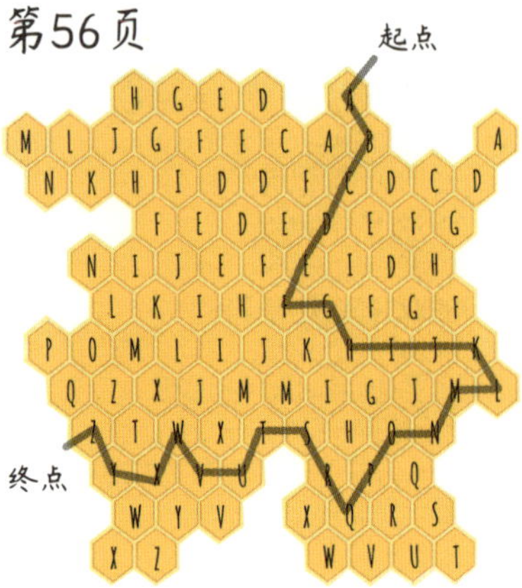

第57页

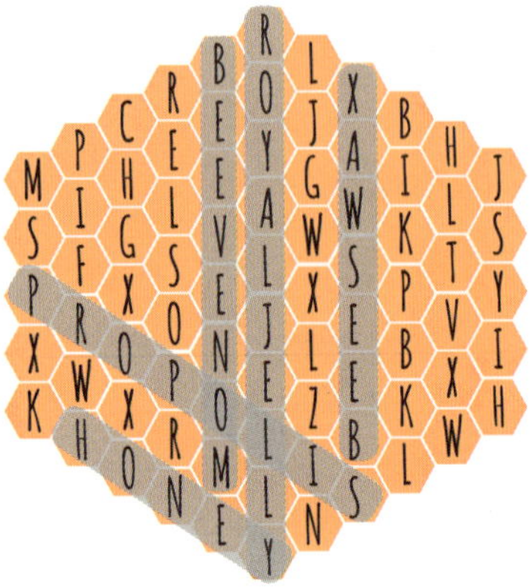

树枝B

第58页

第59页

第60页

第61页

海底火山。

正确的字母数是16。

第62页

第63页

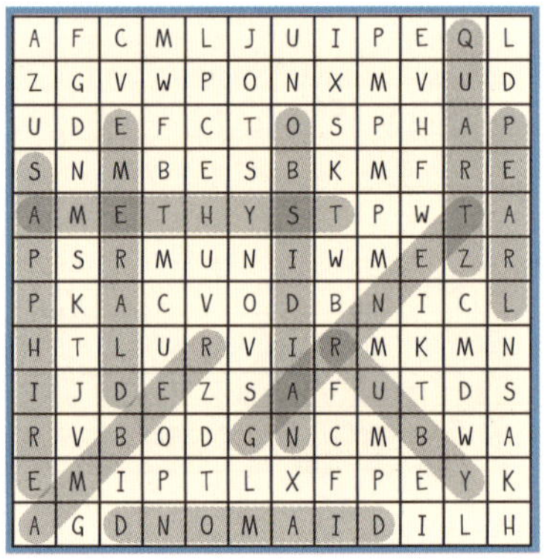

第64页

图中一共有45只红蟹。

第65页

pí　　　lù
棱皮龟　绿海龟

hóng
红海龟

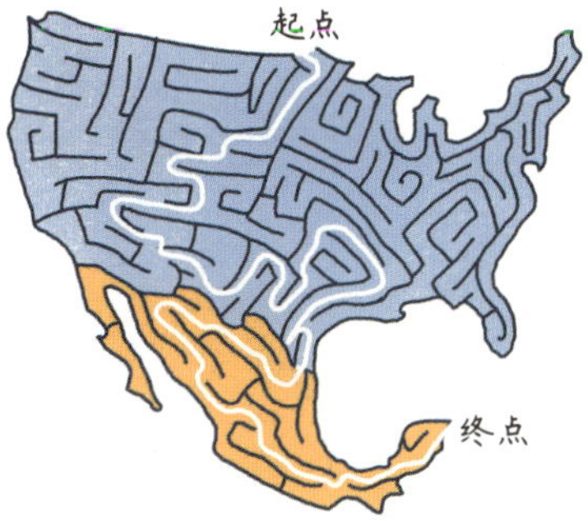

第66页

第67页

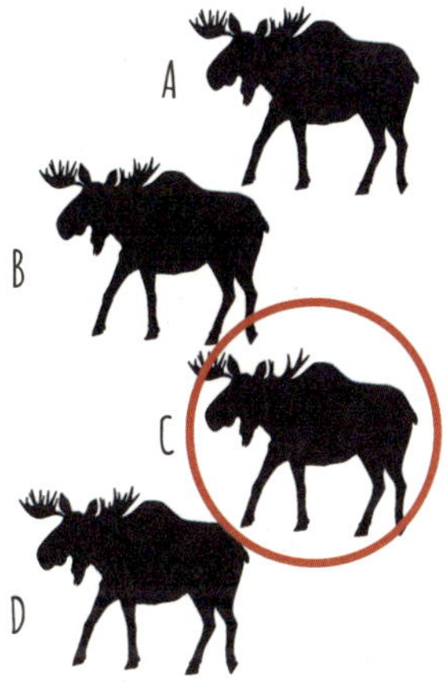

第68页

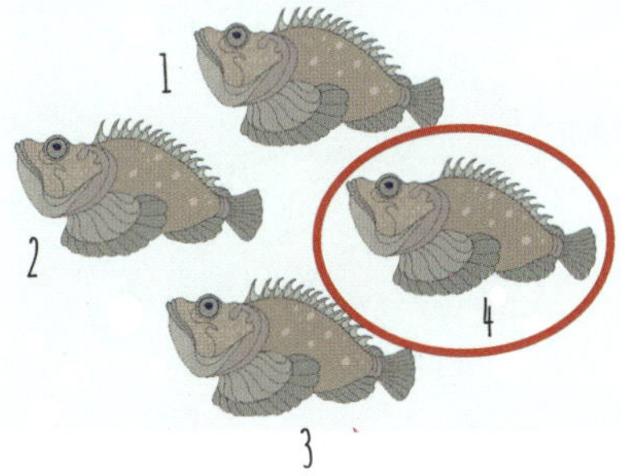

第69页

bā xī（巴西），
bì lǔ（秘鲁），
gē lún bǐ yà（哥伦比亚）。

第70页

第71页

R	P	C	H	A	N	T	E	R	E	L	L	E	S
E	I	O	D	N	H	C	Y	G	I	F	Z	J	D
W	B	Y	R	F	V	S	D	T	N	W	D	R	E
O	G	S	U	T	P	E	N	O	K	I	V	Q	A
L	D	T	O	K	O	G	Q	X	C	J	A	S	T
F	Z	E	C	Y	R	B	S	L	A	F	T	O	H
I	W	R	S	Q	T	I	E	R	P	G	X	P	C
L	E	K	G	H	F	R	J	L	Y	V	H	L	A
U	G	V	A	X	O	W	K	R	L	Q	F	U	P
A	J	P	D	M	Z	B	U	T	T	O	N	C	D
C	R	L	T	Y	K	A	E	T	S	F	E	E	B

毒蝇鹅膏菌A和毒蝇鹅膏菌F完全相同。

第72页

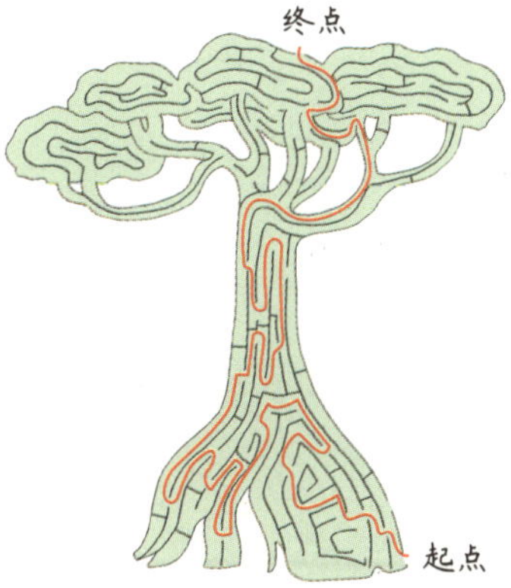

第73页

一共有16只金刚鹦鹉。

第74页

第75页

第77页

13
5 8
2 3 5

12
5 7
4 1 6

23
10 13
4 6 7

第78页

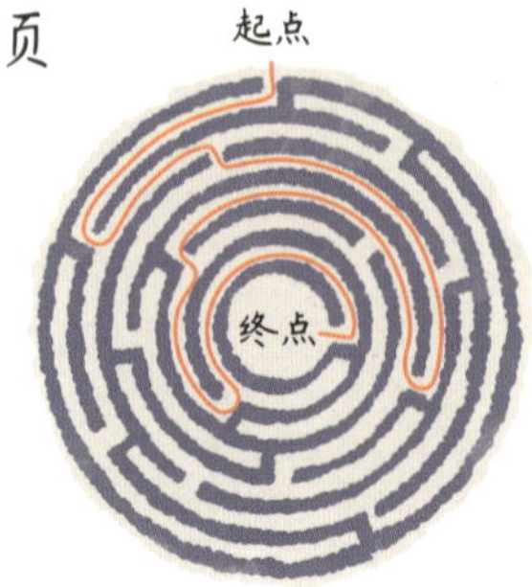

第79页

lú huì（芦荟）。

第80页

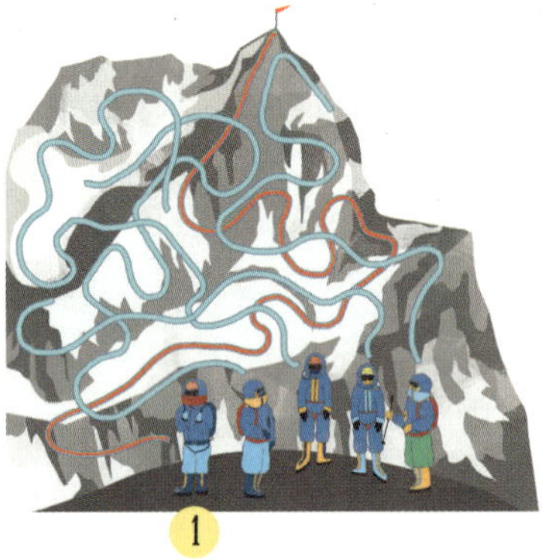

第81页

第82页

图中的质数有：3，11，23，37，53，71，89，97。

第83页

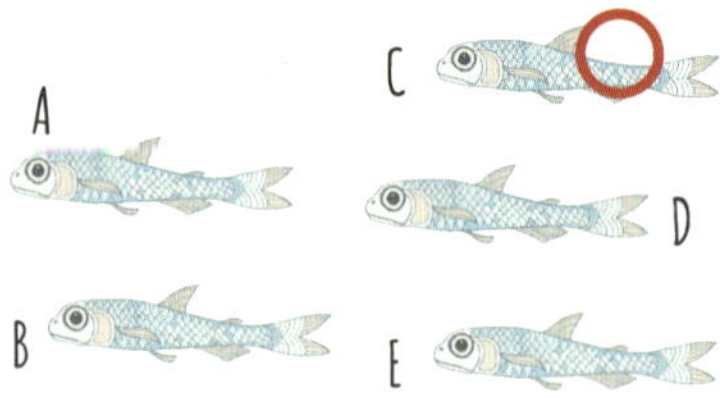

图中一共有10只水母。

第84页

第85页

拼块3不属于希利尔湖。

深海热液喷口首次被发现的年份是1977。

第86页

第87页

马陆。

第88页

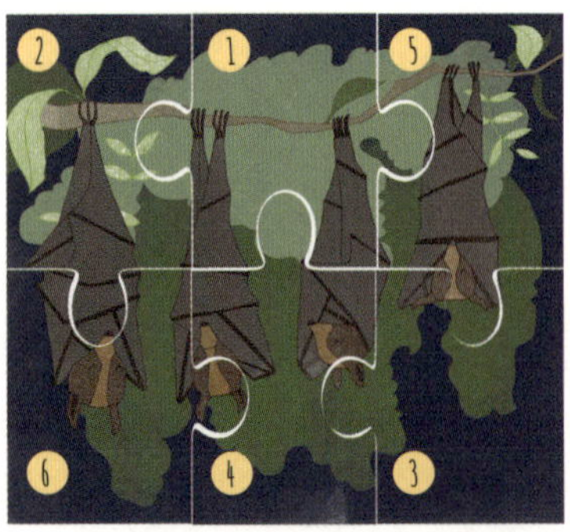

第89页

长颈鹿A的睡眠时间为36分钟，长颈鹿B的睡眠时间为31分钟，所以长颈鹿A睡得更久。

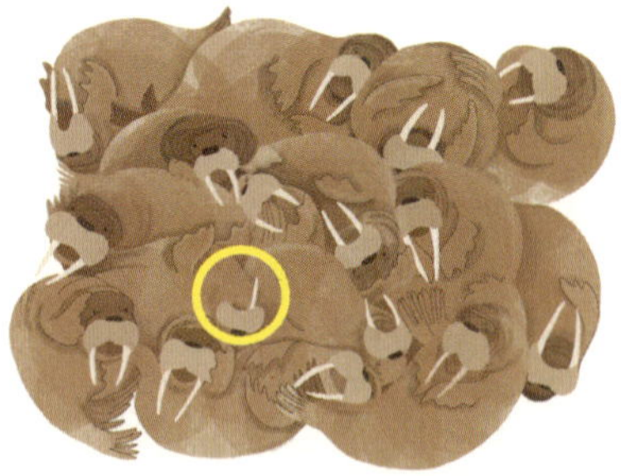